Antonin Artaud

Le théâtre
et son double

suivi de

Le théâtre
de Séraphin

Gallimard

Antonin Artaud place en tête du *Théâtre et son double* un texte où la description d'une épidémie de peste n'est rien de moins qu'une affolante allégorie du théâtre. Cette peste, elle se propage et tue à Marseille où elle a été amenée par un navire en provenance du Proche-Orient. A Marseille où lui-même naît le 4 septembre 1896. Du Proche-Orient dont sont originaires ses deux grand-mères levantines, sœurs séparées par la vie dans leur petite enfance et qui se sont retrouvées, une génération plus tard, à Marseille, mères mariant leurs enfants, la fille de l'une épousant le fils de l'autre. Le bateau porteur du germe reliait le Proche-Orient à la Provence comme, plus tard, le feront les navires marchands sur lesquels naviguaient son grand-père, puis son père, tous deux capitaines marins. Cela, pour signaler qu'il n'est guère de texte d'Antonin Artaud où sa biographie n'intervienne et que lire attentivement son œuvre suffit à connaître les principales étapes de sa vie.

Elève moyen, écrira-t-il plus tard, il a une enfance banale de petit bourgeois choyé. La fin de l'adolescence est perturbée par une sérieuse crise dépressive. Il s'ensuit des séjours en stations climatiques et maisons de santé. La guerre lui est évitée. Mobilisé durant l'été 1916, il est définitivement réformé quelques mois après et passe la fin des hostilités dans un établissement suisse, où il prend pour la première fois de l'opium sur prescription médicale.

En 1920, il arrive à Paris. De taille moyenne, son port de tête le grandit ; le visage très beau, au modelé sensible qu'avive le regard de ses yeux d'un bleu très vif, il veut être comédien. Classes chez

Dullin. Débuts prometteurs au cinéma. (Disons-le tout de suite, s'il l'avait vraiment voulu, après ses succès dans *Napoléon*, d'Abel Gance (1926-1927), et dans *la Passion de Jeanne d'Arc*, de Carl Dreyer (1927), il aurait pu devenir une vedette ; et, d'ailleurs, on le verra, en 1927, figurer parmi les acteurs choisis par *Cinémonde* pour un concours où les lecteurs du magazine doivent élire les étoiles de l'année.) Très vite, dans l'un et l'autre domaine, il ne se satisfait pas de n'être qu'un acteur : c'est la mise en scène qui le tente. Il écrit aussi des poèmes et publie son premier recueil : *Tric Trac du Ciel* (1923).

Il soumet alors quelques poèmes au directeur de *la Nouvelle Revue française* et celui-ci les refuse. Evénement sans grande originalité : pareille mésaventure est arrivée à bien des jeunes poètes. Pourtant, cette fois, toute une façon de concevoir la littérature et l'œuvre va s'en trouver fondamentalement transformée. C'est qu'il estime que ces poèmes même manqués ont droit à l'existence et il l'écrit. Le problème posé est si essentiel que le directeur de la revue lui propose de publier les lettres où il en est débattu. C'est la fameuse *Correspondance avec Jacques Rivière* (1924, elle paraîtra en volume en 1927).

Peu après, Antonin Artaud adhère au mouvement surréaliste où, très vite, son rôle devient décisif. De cette époque datent *le Pèse-Nerfs* (1925), *l'Ombilic des Limbes* (1925) et de miroitantes proses qui seront rassemblées dans *l'Art et la Mort* (1929). Toutes ces œuvres nous renseignent parfaitement sur sa vie, les sentiments qu'il éprouve, les drames qui sont les siens. On y lit aussi bien son dépit à se découvrir mauvais acteur dans un film, la véhémence qu'il introduit dans le surréalisme, que sa souffrance à ne pouvoir faire exister sa pensée, son impossibilité à s'atteindre lui-même, sa fiévreuse revendication concernant le libre usage de l'opium, ou son incapacité à vivre avec une compagne.

A la fin de 1926, aidé par le couple Allendy, il fonde, avec Roger Vitrac et Robert Aron, le Théâtre Alfred Jarry qui, en ne totalisant que huit représentations, donnera quatre spectacles mémorables dont Antonin Artaud est l'unique metteur en scène. Le cinquième, longtemps projeté, ne sera jamais monté, et l'on peut dire qu'en 1930 l'aventure du Théâtre Alfred Jarry est achevée. Celle du

Théâtre de la Cruauté commence. C'est une période d'activité et de créativité intenses : manifestes, lectures, conférences, dont *le Théâtre et son double* porte témoignage et qui trouvera sa conclusion en 1935 dans *les Cenci*, drame écrit, mis en scène et joué par Antonin Artaud. Spectacle qui ne passe pas inaperçu, bien qu'il lui faille l'arrêter au bout de dix-sept représentations : c'est un désastre financier, mais, pense-t-il, un « succès dans l'Absolu ».

Entre-temps, en 1934, il a publié un essai sur *Héliogabale ou l'Anarchiste couronné,* dont la métaphysique poétique baigne dans une sanglante et sexuelle théâtralité.

Fin 1935, il décide de quitter l'Europe. L'ailleurs, pour lui, sera le Mexique où il vivra près d'une année, parvenant tant bien que mal à subsister grâce à une activité de conférencier et de journaliste. Sa toxicomanie, selon ceux qui l'ont côtoyé alors, a atteint un degré extrême. A la fin de son séjour, il partira pour la Sierra tarahumara qu'il escalade à cheval, conduit par un unique guide. Tout ce qu'il a vu et vécu, les cérémonies rituelles autour du peyotl auxquelles il a été admis à participer, seul étranger parmi les Indiens, les paysages hantés de signes qu'il a traversés, tout cela nous est restitué dans *D'un voyage au pays des Tarahumaras.*

Après cette année de relative trêve, c'est le retour à Paris, dans un monde qui le rejette, un Erèbe où les cures de désintoxication se succèdent sur un fond de dénuement total et de dramatisation permanente : il forme un irréalisable projet de mariage, très vite et brutalement rompu. Ses dires deviennent prophétiques. Il n'est que de lire *les Nouvelles Révélations de l'Être,* signées « le Révélé » (1937), pour prendre la mesure de son exaltation. Elle va lui faire entreprendre un mythique voyage en Irlande, à la recherche des vestiges laissés par les antiques druides, armé d'une canne noueuse qu'il dit avoir autrefois été celle de saint Patrick. De Cobh, son périple le conduit d'abord à Galway, ensuite à Inishmore, la plus grande des îles Aran, de nouveau à Galway pour s'achever à Dublin où il est appréhendé pour vagabondage, incarcéré à Mountjoy Prison, ramené à Cobh pour être rapatrié contre son gré sur le *Washington.* On ne saura sans doute jamais de façon exacte ce qui s'est passé sur le navire. Mais on connaît ce qui en est résulté : encamisolé, il est, au débarquement, transporté à l'hôpital général du Havre. Transféré ensuite d'un asile psychiatrique à un autre, il restera interné jusqu'en 1946 où on le retrouve à Rodez : il vient d'y passer trois années, bénéfiques en ce sens qu'il n'y est pas mort de malnutrition comme cela aurait pu lui arriver en zone occupée — de nouveau, c'était la guerre —, maléfiques parce qu'on lui a appliqué un traitement par l'électrochoc contre lequel il n'a cessé de protester. Il a perdu à peu près toutes ses dents et se voit vieilli avant l'âge. Mais, patiemment, jour après jour, les deux dernières années, il s'est reconstruit et a reforgé cet instrument mystérieux qu'est un verbe, une langue. Et cela a donné les bouleversantes *Lettres de Rodez* dont l'âpreté remet en question toute poésie. Il a aussi réhabitué sa main à dessiner.

En mai 1946, il voit enfin cesser son enfermement, mais il lui reste à peine deux années à vivre. Elles vont être tout spécialement fécondes. *Artaud le Mômo, Ci-gît* précédé de *la Culture indienne, Van Gogh le suicidé de la société* jalonnent ces quelque vingt mois pendant lesquels il dicte aussi *Suppôts et Suppliciations*, dessine des visages humains, prononce ou plutôt essaie de prononcer une conférence au Vieux-Colombier dont les spectateurs survivants sont encore pantelants.

Son dernier acte public est une émission radiophonique : *Pour en finir avec le jugement de dieu*, dont la diffusion est interdite.

Il meurt à l'aube du 4 mars 1948.

Son œuvre posthume est considérable.

Paule Thévenin.

Le théâtre et son double

Les numéros renvoient aux notes
qui figurent à la fin du livre.

LE THÉÂTRE ET LA CULTURE [1]

Jamais, quand c'est la vie elle-même qui s'en va, on n'a autant parlé de civilisation et de culture. Et il y a un étrange parallélisme entre cet effondrement généralisé de la vie qui est à la base de la démoralisation actuelle et le souci d'une culture qui n'a jamais coïncidé avec la vie, et qui est faite pour régenter la vie.

Avant d'en revenir à la culture je considère que le monde a faim, et qu'il ne se soucie pas de la culture ; et que c'est artificiellement que l'on veut ramener vers la culture des pensées qui ne sont tournées que vers la faim.

Le plus urgent ne me paraît pas tant de défendre une culture dont l'existence n'a jamais sauvé un homme du souci de mieux vivre et d'avoir faim, que d'extraire de ce que l'on appelle la culture, des idées dont la force vivante est identique à celle de la faim.

Nous avons surtout besoin de vivre et de croire à ce qui nous fait vivre et que quelque chose nous fait vivre,

— et ce qui sort du dedans mystérieux de nous-même, ne doit pas perpétuellement revenir sur nous-même dans un souci grossièrement digestif.

Je veux dire que s'il nous importe à tous de manger tout de suite, il nous importe encore plus de ne pas gaspiller dans l'unique souci de manger tout de suite notre simple force d'avoir faim.

Si le signe de l'époque est la confusion, je vois à la base de cette confusion une rupture entre les choses, et les paroles, les idées, les signes qui en sont la représentation.

Ce ne sont certes pas les systèmes à penser qui manquent; leur nombre et leurs contradictions caractérisent notre vieille culture européenne et française : mais où voit-on que la vie, notre vie, ait jamais été affectée par ces systèmes?

Je ne dirai pas que les systèmes philosophiques soient choses à appliquer directement et tout de suite; mais de deux choses l'une :

Ou ces systèmes sont en nous et nous en sommes imprégnés au point d'en vivre, et alors qu'importent les livres? ou nous n'en sommes pas imprégnés et alors ils ne méritaient pas de nous faire vivre; et de toute façon qu'importe leur disparition?

Il faut insister sur cette idée de la culture en action et qui devient en nous comme un nouvel organe, une sorte de souffle second : et la civilisation c'est de la culture qu'on applique et qui régit jusqu'à nos actions

cult. embodied

les plus subtiles, l'esprit présent dans les choses ; et c'est artificiellement qu'on sépare la civilisation de la culture et qu'il y a deux mots pour signifier une seule et identique action.

On juge un civilisé à la façon dont il se comporte et il pense comme il se comporte ; mais déjà sur le mot de civilisé il y a confusion ; pour tout le monde un civilisé cultivé est un homme renseigné sur des systèmes, et qui pense en systèmes, en formes, en signes, en représentations.

C'est un monstre chez qui s'est développée jusqu'à l'absurde cette faculté que nous avons de tirer des pensées de nos actes, au lieu d'identifier nos actes à nos pensées.

Si notre vie manque de soufre, c'est-à-dire d'une constante magie, c'est qu'il nous plaît de regarder nos actes et de nous perdre en considérations sur les formes rêvées de nos actes, au lieu d'être poussés par eux.

Et cette faculté est humaine exclusivement. Je dirai même que c'est une infection de l'humain qui nous gâte des idées qui auraient dû demeurer divines ; car loin de croire le surnaturel, le divin inventé par l'homme je pense que c'est l'intervention millénaire de l'homme qui a fini par nous corrompre le divin.

Toutes nos idées sur la vie sont à reprendre à une époque où rien n'adhère plus à la vie. Et cette pénible scission est cause que les choses se vengent, et la poésie qui n'est plus en nous et que nous ne parvenons plus à retrouver dans les choses ressort, tout à coup, par le mauvais côté des choses ; et jamais on n'aura vu tant de crimes, dont la bizarrerie gratuite ne s'explique que par notre impuissance à posséder la vie.

Si le théâtre est fait pour permettre à nos refoulements de prendre vie, une sorte d'atroce poésie s'exprime par des actes bizarres où les altérations du fait de vivre démontrent que l'intensité de la vie est intacte, et qu'il suffirait de la mieux diriger.

Mais si fort que nous réclamions la magie, nous avons peur au fond d'une vie qui se développerait tout entière sous le signe de la vraie magie.

C'est ainsi que notre absence enracinée de culture s'étonne de certaines grandioses anomalies et que par exemple dans une île sans aucun contact avec la civilisation actuelle le simple passage d'un navire qui ne contient que des gens bien portants puisse provoquer l'apparition de maladies inconnues dans cette île et qui sont une spécialité de nos pays : zona, influenza, grippe, rhumatismes, sinusite, polynévrite, etc., etc.

Et de même si nous pensons que les nègres sentent mauvais, nous ignorons que pour tout ce qui n'est pas l'Europe, c'est nous, blancs, qui sentons mauvais. Et je dirai même que nous sentons une odeur blanche, blanche comme on peut parler d'un « mal blanc ».

Comme le fer rougi à blanc on peut dire que tout ce qui est excessif est blanc ; et pour un Asiatique la couleur blanche est devenue l'insigne de la plus extrême décomposition.

Ceci dit, on peut commencer à tirer une idée de la culture, une idée qui est d'abord une protestation.

Protestation contre le rétrécissement insensé que l'on impose à l'idée de la culture en la réduisant à une sorte d'inconcevable Panthéon ; ce qui donne une idolâtrie de la culture, comme les religions idolâtres mettent des dieux dans leur Panthéon.

Protestation contre l'idée séparée que l'on se fait de la culture, comme s'il y avait la culture d'un côté et la vie de l'autre ; et comme si la vraie culture n'était pas un moyen raffiné de comprendre et d'exercer la vie.

On peut brûler la bibliothèque d'Alexandrie. Au-dessus et en dehors des papyrus, il y a des forces : on nous enlèvera pour quelque temps la faculté de retrouver ces forces, on ne supprimera pas leur énergie. Et il est bon que de trop grandes facilités disparaissent et que des formes tombent en oubli, et la culture sans espace ni temps et que détient notre capacité nerveuse reparaîtra avec une énergie accrue. Et il est juste que de temps en temps des cataclysmes se produisent qui nous incitent à en revenir à la nature, c'est-à-dire à retrouver la vie. Le vieux totémisme des bêtes, des pierres, des objets chargés de foudre, des costumes bestialement imprégnés, tout ce qui sert en un mot à capter, à diriger, et à dériver des forces, est pour nous une chose morte, dont nous ne savons plus tirer qu'un profit artistique et statique, un profit de jouisseur et non un profit d'acteur.

Or le totémisme est acteur car il bouge, et il est fait pour des acteurs ; et toute vraie culture s'appuie sur les moyens barbares et primitifs du totémisme, dont je veux adorer la vie sauvage, c'est-à-dire entièrement spontanée.

Ce qui nous a perdu la culture, c'est notre idée occidentale de l'art et le profit que nous en retirons. Art et culture ne peuvent aller d'accord, contrairement à l'usage qui en est fait universellement !

La vraie culture agit par son exaltation et par sa force, et l'idéal européen de l'art vise à jeter l'esprit dans une attitude séparée de la force et qui assiste à son exaltation. C'est une idée paresseuse, inutile, et qui engendre, à bref délai, la mort. Les tours multiples du Serpent Quetzalcoatl, s'ils sont harmonieux, c'est qu'ils expriment l'équilibre et les détours d'une force dormante ; et l'intensité des formes n'est là que pour séduire et capter une force qui, en musique, éveille un déchirant clavier.

Les dieux qui dorment dans les Musées : le dieu du Feu avec sa cassolette qui ressemble au trépied de l'Inquisition ; Tlaloc l'un des multiples dieux des Eaux, à la muraille de granit verte ; la Déesse Mère des Eaux, la Déesse Mère des Fleurs ; l'expression immuable et qui sonne, sous le couvert de plusieurs

*étages d'eau, de la Déesse à la robe de jade verte ;
l'expression transportée et bienheureuse, le visage
crépitant d'aromes, où les atomes du soleil tournent en
rond, de la Déesse Mère des Fleurs ; cette espèce de
servitude obligée d'un monde où la pierre s'anime
parce qu'elle a été frappée comme il faut, le monde des
civilisés organiques, je veux dire dont les organes
vitaux aussi sortent de leur repos, ce monde humain
entre en nous, il participe à la danse des dieux, sans se
retourner ni regarder en arrière, sous peine de devenir,
comme nous-mêmes, des statues effritées de sel.*

*Au Mexique, puisqu'il s'agit du Mexique, il n'y a
pas d'art et les choses servent. Et le monde est en
perpétuelle exaltation.*

*A notre idée inerte et désintéressée de l'art une
culture authentique oppose une idée magique et violemment égoïste, c'est-à-dire intéressée. Car les Mexicains
captent le Manas, les forces qui dorment en toute
forme, et qui ne peuvent sortir d'une contemplation des
formes pour elles-mêmes, mais qui sortent d'une
identification magique avec ces formes. Et les vieux
Totems sont là pour hâter la communication.*

*Il est dur quand tout nous pousse à dormir, en
regardant avec des yeux attachés et conscients, de nous
éveiller et de regarder comme en rêve, avec des yeux
qui ne savent plus à quoi ils servent, et dont le regard
est retourné vers le dedans.*

C'est ainsi que l'idée étrange d'une action désinté-

ressée se fait jour, mais qui est action, tout de même, et plus violente de côtoyer la tentation du repos.

Toute vraie effigie a son ombre qui la double ; et l'art tombe à partir du moment où le sculpteur qui modèle croit libérer une sorte d'ombre dont l'existence déchirera son repos.

Comme toute culture magique que des hiéroglyphes appropriés déversent, le vrai théâtre a aussi ses ombres ; et, de tous les langages et de tous les arts, il est le seul à avoir encore des ombres qui ont brisé leurs limitations. Et, dès l'origine, on peut dire qu'elles ne supportaient pas de limitation.

Notre idée pétrifiée du théâtre rejoint notre idée pétrifiée d'une culture sans ombres, et où de quelque côté qu'il se retourne notre esprit ne rencontre plus que le vide, alors que l'espace est plein.

Mais le vrai théâtre parce qu'il bouge et parce qu'il se sert d'instruments vivants, continue à agiter des ombres où n'a cessé de trébucher la vie. L'acteur qui ne refait pas deux fois le même geste, mais qui fait des gestes, bouge, et certes il brutalise des formes, mais derrière ces formes, et par leur destruction, il rejoint ce qui survit aux formes et produit leur continuation.

Le théâtre qui n'est dans rien mais se sert de tous les langages : gestes, sons, paroles, feu, cris, se retrouve exactement au point où l'esprit a besoin d'un langage pour produire ses manifestations.

Et la fixation du théâtre dans un langage : paroles

écrites, musique, lumières, bruits, indique à bref délai
sa perte, le choix d'un langage prouvant le goût que
l'on a pour les facilités de ce langage ; et le
desséchement du langage accompagne sa limitation.

Pour le théâtre comme pour la culture, la question
reste de nommer et de diriger des ombres : et le
théâtre, qui ne se fixe pas dans le langage et dans les
formes, détruit par le fait les fausses ombres, mais
prépare la voie à une autre naissance d'ombres autour
desquelles s'agrège le vrai spectacle de la vie.

Briser le langage pour toucher la vie, c'est faire ou
refaire le théâtre ; et l'important est de ne pas croire
que cet acte doive demeurer sacré, c'est-à-dire réservé.
Mais l'important est de croire que n'importe qui ne
peut pas le faire, et qu'il y faut une préparation.

Ceci amène à rejeter les limitations habituelles de
l'homme et des pouvoirs de l'homme, et à rendre
infinies les frontières de ce qu'on appelle la réalité.

Il faut croire à un sens de la vie renouvelé par le
théâtre, et où l'homme impavidement se rend le maître
de ce qui n'est pas encore, et le fait naître. Et tout ce
qui n'est pas né peut encore naître pourvu que nous ne
nous contentions pas de demeurer de simples organes
d'enregistrement.

Aussi bien, quand nous prononçons le mot de vie,
faut-il entendre qu'il ne s'agit pas de la vie reconnue
par le dehors des faits, mais de cette sorte de fragile et
remuant foyer auquel ne touchent pas les formes. Et

s'il est encore quelque chose d'infernal et de véritable-
ment maudit dans ce temps, c'est de s'attarder
artistiquement sur des formes, au lieu d'être comme des
suppliciés que l'on brûle et qui font des signes sur leurs
bûchers.

LE THÉÂTRE ET LA PESTE[1]

Les archives de la petite ville de Cagliari, en Sardaigne, contiennent la relation d'un fait historique et étonnant.

Une nuit de fin avril ou du début de mai 1720, vingt jours environ avant l'arrivée à Marseille du vaisseau le *Grand-Saint-Antoine,* dont le débarquement coïncida avec la plus merveilleuse explosion de peste qui ait fait bourgeonner les mémoires de la cité, Saint-Rémys, vice-roi de Sardaigne, que ses responsabilités réduites de monarque avaient peut-être sensibilisé aux virus les plus pernicieux, eut un rêve particulièrement affligeant : il se vit pesteux et il vit la peste ravager son minuscule État.

Sous l'action du fléau, les cadres de la société se liquéfient. L'ordre tombe. Il assiste à toutes les déroutes de la morale, à toutes les débâcles de la psychologie, il entend en lui le murmure de ses humeurs, déchirées, en pleine défaite, et qui, dans une vertigineuse déperdition de matière, deviennent lourdes et se métamorphosent peu à peu en charbon. Est-il donc trop tard pour conjurer le fléau? Même détruit, même annihilé et pulvérisé organiquement, et brûlé dans les moelles, il sait qu'on ne meurt pas dans les rêves, que la volonté y joue jusqu'à l'absurde, jusqu'à la négation du possible, jusqu'à une sorte de transmutation du mensonge dont on refait de la vérité.

Il se réveille. Tous ces bruits de peste qui courent et ces miasmes d'un virus venu d'Orient, il saura se montrer capable de les éloigner.

Un navire absent de Beyrouth depuis un mois, le *Grand-Saint-Antoine*, demande la passe et propose de débarquer. C'est alors qu'il donne l'ordre fou, l'ordre jugé délirant, absurde, imbécile et despotique par le peuple et par tout son entourage. Dare-dare, il dépêche vers le navire qu'il présume contaminé la barque du pilote et quelques hommes, avec l'ordre pour le *Grand-Saint-Antoine* d'avoir à virer de bord tout de suite, et de faire force de voiles hors de la ville, sous peine d'être coulé à coups de canon. La guerre contre la peste. L'autocrate n'y allait pas par quatre chemins.

Il faut en passant remarquer la force particulière de l'influence que ce rêve exerça sur lui, puisqu'elle lui permit, malgré les sarcasmes de la foule et le scepticisme de son entourage, de persévérer dans la férocité de ses ordres, passant pour cela non seulement sur le droit des gens, mais sur le plus simple respect de la vie humaine, et sur toutes sortes de conventions nationales ou internationales, qui, devant la mort, ne sont plus de saison.

Quoi qu'il en soit, le navire continua sa route, aborda à Livourne, et pénétra dans la rade de Marseille, où on lui permit de débarquer.

Ce que devint sa cargaison de pesteux, les services de la voirie à Marseille n'en ont pas conservé le souvenir. On sait à peu près ce que devinrent les matelots de son équipage, qui ne moururent pas tous de la peste et se répandirent en diverses contrées.

Le *Grand-Saint-Antoine* n'apporta pas la peste à Marseille. Elle était là. Et dans une période de particulière recrudescence. Mais on était parvenu à en localiser les foyers.

La peste apportée par le *Grand-Saint-Antoine*, était la peste orientale, le virus d'origine, et c'est de ses approches et de sa diffusion dans la ville que date le côté particulièrement atroce et le flamboiement généralisé de l'épidémie.

Et ceci inspire quelques pensées.

Cette peste, qui semble réactiver un virus, était capable toute seule d'exercer des ravages sensiblement égaux; puisque de tout l'équipage, le capitaine fut le seul à ne pas attraper la peste, et d'autre part, il ne semble pas que les pestiférés nouveau venus aient jamais été en contact direct avec les autres, parqués dans des quartiers fermés. Le *Grand-Saint-Antoine* qui passe à une portée de voix de Cagliari, en Sardaigne, n'y dépose point la peste, mais le vice-roi en recueille en rêve certaines émanations ; car on ne peut nier qu'entre la peste et lui ne se soit établie une communication pondérable, quoique subtile, et il est trop facile d'accuser dans la communication d'une maladie pareille, la contagion par simple contact.

Mais ces relations entre Saint-Rémys et la peste, assez fortes pour se libérer en images dans son rêve, ne sont tout de même pas assez fortes pour faire apparaître en lui la maladie.

Quoi qu'il en soit, la ville de Cagliari, apprenant quelque temps après que le navire chassé de ses côtes par la volonté despotique du prince miraculeusement éclairé, était à l'origine de la grande épidémie de Marseille, recueillit le fait dans ses archives, où n'importe qui peut le retrouver.

La peste de 1720 à Marseille nous a valu les seules descriptions dites cliniques que nous possédions du fléau.

Mais on peut se demander si la peste décrite par les médecins de Marseille était bien la même que celle de 1347, à Florence, d'où est sorti le *Décaméron*. L'histoire, les livres sacrés, dont la Bible, certains vieux traités médicaux, décrivent de l'extérieur toutes sortes de pestes dont ils semblent avoir retenu beaucoup moins les traits morbides que l'impression démoralisante et fabuleuse qu'elles laissèrent dans les esprits. C'est probablement eux qui avaient raison. Car la médecine aurait bien de la peine à établir une différence de fond entre le virus dont mourut Périclès devant Syracuse, si tant est d'ailleurs que le mot de virus soit autre chose qu'une simple facilité verbale, et celui qui manifeste sa présence dans la peste décrite par Hippocrate, que des traités médicaux récents nous donnent comme une sorte de fausse peste. Et pour ces mêmes traités, il n'y aurait de peste authentique que la peste venue d'Égypte qui monte des cimetières découverts par le dégonflement du Nil. La Bible et Hérodote sont d'accord pour signaler l'apparition fulgurante d'une peste qui décima, en une nuit, les cent quatre-vingt mille hommes de l'armée assyrienne, sauvant ainsi l'empire égyptien. Si le fait est vrai, il faudrait alors considérer le fléau comme l'instrument direct ou la matérialisation d'une force intelligente en étroit rapport avec ce que nous appelons la fatalité.

Et ceci, avec ou sans l'armée de rats qui se jeta cette nuit-là sur les troupes assyriennes dont elle rongea en quelques heures les harnais. Le fait est à rapprocher de l'épidémie qui explosa l'an 660 avant

J.-C. dans la ville sacrée de Mékao au Japon, à l'occasion d'un simple changement de gouvernement.

La peste de 1502 en Provence, qui fournit à Nostradamus l'occasion d'exercer pour la première fois ses facultés de guérisseur, coïncida aussi dans l'ordre politique avec les bouleversements les plus profonds, chutes ou morts de rois, disparition et destruction de provinces, séismes, phénomènes magnétiques de toutes sortes, exodes de Juifs, qui précèdent ou suivent dans l'ordre politique ou cosmique, des cataclysmes et des ravages dont ceux qui les provoquent sont trop stupides pour prévoir, et ne sont pas assez pervers pour désirer réellement les effets.

Quels que soient les errements des historiens ou de la médecine sur la peste, je crois qu'on peut se mettre d'accord sur l'idée d'une maladie qui serait une sorte d'entité psychique et ne serait pas apportée par un virus. Si l'on voulait analyser de près tous les faits de contagion pesteuse que l'histoire ou les Mémoires nous présentent, on aurait du mal à isoler un seul fait véritablement avéré de contagion par contact, et l'exemple cité par Boccace de pourceaux qui seraient morts pour avoir flairé des draps dans lesquels auraient été enveloppés des pestiférés, ne vaut guère que pour démontrer une sorte d'affinité mystérieuse entre la viande de pourceau et la nature de la peste, ce qu'il faudrait encore analyser de fort près.

L'idée d'une véritable entité morbide n'existant pas, il y a des formes sur lesquelles l'esprit peut se mettre provisoirement d'accord pour caractériser certains phénomènes, et il semble que l'esprit puisse se mettre d'accord sur une peste décrite de la manière qui suit.

Avant tout malaise physique ou psychologique trop caractérisé, des taches rouges parsèment le corps, que le malade ne remarque soudainement que quand elles tournent vers le noir. Il n'a pas le temps de s'en effrayer, que sa tête se met à bouillir, à devenir gigantesque par son poids, et il tombe. C'est alors qu'une fatigue atroce, la fatigue d'une aspiration magnétique centrale, de ses molécules scindées en deux et tirées vers leur anéantissement, s'empare de lui. Ses humeurs affolées, bousculées, en désordre, lui paraissent galoper à travers son corps. Son estomac se soulève, l'intérieur de son ventre lui semble vouloir jaillir par l'orifice des dents. Son pouls qui tantôt se ralentit jusqu'à devenir une ombre, une virtualité de pouls, et tantôt galope, suit les bouillonnements de sa fièvre interne, le ruisselant égarement de son esprit. Ce pouls qui bat à coups précipités comme son cœur, qui devient intense, plein, bruyant; cet œil rouge, incendié, puis vitreux; cette langue qui halète, énorme et grosse, d'abord blanche, puis rouge, puis noire, et comme charbonneuse et fendillée, tout annonce un orage organique sans précédent. Bientôt les humeurs sillonnées comme une terre par la foudre, comme un volcan travaillé par des orages souterrains, cherchent leur issue à l'extérieur. Au milieu des taches, des points plus ardents se créent, autour de ces points la peau se soulève en cloques comme des bulles d'air sous l'épiderme d'une lave, et ces bulles sont entourées de cercles, dont le dernier, pareil à l'anneau de Saturne autour de l'astre en pleine incandescence, indique la limite extrême d'un bubon.

Le corps en est sillonné. Mais comme les volcans ont leurs points d'élection sur la terre, les bubons ont leurs points d'élection sur l'étendue du corps humain. A deux ou trois travers de doigt de l'aine, sous les aisselles, aux endroits précieux où des glandes actives accomplissent fidèlement leurs fonctions, des bubons apparaissent, par où l'organisme se décharge, ou de sa pourriture interne ou, suivant le cas, de sa vie. Une conflagration violente et localisée sur un point indique le plus souvent que la vie centrale n'a rien perdu de sa force, et qu'une rémission du mal, ou même la guérison est possible. Comme la colère blanche, la peste la plus terrible est celle qui ne divulgue pas ses traits.

Ouvert, le cadavre du pestiféré ne montre pas de

lésions. La vésicule biliaire chargée de filtrer les déchets alourdis et inertes de l'organisme, est pleine, grosse à crever d'un liquide noir et gluant, si compact qu'il évoque une matière nouvelle. Le sang des artères, des veines est aussi noir et gluant. Le corps est dur comme de la pierre. Sur les parois de la membrane stomacale semblent s'être réveillées d'innombrables sources de sang. Tout indique un désordre fondamental des sécrétions. Mais il n'y a ni perte ni destruction de matière, comme dans la lèpre ou dans la syphilis. Les intestins eux-mêmes, qui sont le lieu des désordres les plus sanglants, où les matières parviennent à un degré inouï de putréfaction et de pétrification, les intestins ne sont pas organiquement attaqués. La vésicule biliaire, dont il faut presque arracher le pus durcifié qu'elle contient, comme dans certains sacrifices humains, avec un couteau effilé, un instrument en obsidienne, vitreux et dur, — la vésicule biliaire est hypertrophiée et cassante par places, mais intacte, sans aucune particule manquante, sans lésion visible, sans matière perdue.

Dans certains cas pourtant, les poumons et le cerveau lésés noircissent et se gangrènent. Les poumons ramollis, coupaillés, tombant en copeaux d'on ne sait quelle matière noire, le cerveau fondu, limé, pulvérisé, réduit en poudre, désagrégé en une sorte de poussière de charbon noir[2].

De ce fait, deux remarques importantes doivent être tirées, la première est que les syndromes de la peste sont complets sans gangrène des poumons et du cerveau, le pesteux a son compte sans pourriture d'un membre quelconque. Sans la sous-estimer, l'organisme ne revendique pas la présence d'une gangrène localisée et physique pour se déterminer à mourir.

La seconde remarque est que les deux seuls organes réellement atteints et lésés par la peste : le cerveau et les poumons, se trouvent être tous deux sous la dépendance directe de la conscience et de la volonté. On peut s'empêcher de respirer ou de penser, on peut précipiter sa respiration, la rythmer à son gré, la rendre à volonté consciente ou inconsciente, introduire un équilibre entre les deux sortes de respirations ; l'automatique, qui est sous le commandement direct du grand sympathique, et l'autre, qui obéit aux réflexes redevenus conscients du cerveau.

On peut également précipiter, ralentir et rythmer sa pensée. On peut réglementer le jeu inconscient de l'esprit. On ne peut diriger le filtrage des humeurs par le foie, la redistribution du sang dans l'organisme par le cœur et par les artères, contrôler la digestion, arrêter ou précipiter l'élimination des matières dans l'intestin. La peste donc semble manifester sa présence dans les lieux, affectionner tous les lieux du corps, tous les emplacements de l'espace physique, où la volonté humaine, la conscience, la pensée sont proches et en passe de se manifester.

En 1880 et quelques, un docteur français du nom de Yersin, qui travaille sur les cadavres d'Indo-Chinois morts de la peste, isole un de ces têtards au crâne arrondi, et à la queue courte, qu'on ne décèle qu'au microscope et il appelle cela le microbe de la peste. Ce n'est là à mes yeux qu'un élément matériel plus petit, infiniment plus petit qui apparaît à un moment quelconque du développement du virus, mais cela ne m'explique en rien la peste. Et je préférerais que ce docteur me dise pourquoi toutes les grandes pestes ont, avec ou sans virus, une durée de cinq mois, après laquelle leur virulence s'abaisse, et comment cet ambassadeur turc qui passait par le Languedoc vers la fin de 1720, a pu indiquer une sorte de ligne qui, par Avignon et Toulouse, rejoignait Nice à Bordeaux, comme la limite extrême de développement géographique du fléau. Ce en quoi les événements lui donnèrent raison.

De tout ceci ressort la physionomie spirituelle d'un mal dont on ne peut préciser scientifiquement les lois et dont il serait idiot de vouloir déterminer l'origine géographique, car la peste d'Égypte n'est pas celle d'Orient qui n'est pas celle d'Hippocrate, qui n'est pas celle de Syracuse, qui n'est pas celle de Florence, la Noire, à laquelle l'Europe du Moyen Age doit ses cinquante millions de morts. Personne ne dira pourquoi la peste frappe le lâche qui fuit et épargne le paillard qui se satisfait sur des cadavres. Pourquoi l'éloignement, la chasteté, la solitude sont sans action contre les atteintes du fléau, et pourquoi tel groupement de débauchés qui s'est isolé à la campagne, comme Boccace avec deux compagnons bien montés et sept dévotes luxurieuses, peut attendre en paix les jours chauds au milieu desquels la peste se retire ; et pourquoi dans un château à proximité, transformé en citadelle guerrière avec un cordon d'hommes d'armes qui en interdisent l'entrée, la peste transforme toute la garnison et les occupants en cadavres et épargne les hommes d'armes, seuls exposés à la contagion. Qui expliquera également que les cordons sanitaires établis à grands renforts de troupes, par Mehmet Ali, vers la fin du siècle dernier, à l'occasion d'une recrudescence de la peste égyptienne, se soient montrés efficaces pour protéger les couvents, les écoles, les prisons et les palais ; et que des foyers multiples d'une peste qui avait toutes les caractéristiques de la peste orientale, aient pu éclater soudainement dans l'Europe du Moyen Age en des endroits sans aucun contact avec l'Orient.

De ces bizarreries, de ces mystères, de ces contradictions et de ces traits, il faut composer la physionomie spirituelle d'un mal qui creuse l'organisme et la vie jusqu'au déchirement et jusqu'au spasme, comme une douleur qui, à mesure qu'elle croît en intensité et qu'elle s'enfonce, multiplie ses avenues et ses richesses dans tous les cercles de la sensibilité.

Mais de cette liberté spirituelle, avec laquelle la peste se développe, sans rats, sans microbes et sans contacts, on peut tirer le jeu absolu et sombre d'un spectacle que je m'en vais essayer d'analyser.

La peste établie dans une cité, les cadres réguliers s'effondrent, il n'y a plus de voirie, d'armée, de police, de municipalité; des bûchers s'allument pour brûler les morts, au hasard des bras disponibles. Chaque famille veut avoir le sien. Puis le bois, la place et la flamme se raréfiant, il y a des luttes de famille autour des bûchers, bientôt suivies d'une fuite générale, car les cadavres sont trop nombreux. Déjà les morts encombrent les rues, en pyramides croulantes que des bêtes rongent sur les bords. Leur puanteur monte en l'air comme une flamme. Des rues entières sont barrées par des entassements de morts. C'est alors que les maisons s'ouvrent, que des pestiférés délirants, l'esprit chargé d'imaginations affreuses, se répandent en hurlant par les rues. Le mal qui leur travaille les viscères, qui roule dans leur organisme entier, se libère en fusées par l'esprit. D'autres pestiférés qui, sans bubons, sans douleur, sans délire et sans pétéchies, se regardent orgueilleusement dans des glaces, se sentant crever de santé, tombent morts avec dans leurs mains leur plat à barbe, pleins de mépris pour les autres pestiférés.

Sur les ruisseaux sanglants, épais, vireux, couleur d'angoisse et d'opium, qui rejaillissent des cadavres, d'étranges personnages vêtus de cire, avec des nez longs d'une aune, des yeux de verre, et montés sur des sortes de souliers japonais, faits d'un double agencement de tablettes de bois, les unes horizontales, en forme de semelles, les autres verticales, qui les isolent des humeurs infectées, passent, psalmodiant des litanies absurdes, dont la vertu ne les empêche pas de sombrer à leur tour dans le brasier. Ces médecins ignares ne montrent que leur peur et leur puérilité.

Dans les maisons ouvertes, la lie de la population immunisée, semble-t-il, par sa frénésie cupide, entre et fait main basse sur des richesses dont elle sent bien qu'il est inutile de profiter. Et c'est alors que le théâtre s'installe. Le théâtre, c'est-à-dire la gratuité immédiate qui pousse à des actes inutiles et sans profit pour l'actualité.

Les derniers vivants s'exaspèrent, le fils, jusque-là soumis et vertueux, tue son père; le continent

sodomise ses proches. Le luxurieux devient pur.
L'avare jette son or à poignées par les fenêtres. Le
héros guerrier incendie la ville qu'il s'est autrefois
sacrifié pour sauver. L'élégant se pomponne et va
se promener sur les charniers Ni l'idée d'une
absence de sanctions, ni celle de la mort proche, ne
suffisent à motiver des actes aussi gratuitement
absurdes chez des gens qui ne croyaient pas que la
mort fût capable de rien terminer. Et comment
expliquer cette poussée de fièvre érotique chez des
pestiférés guéris qui, au lieu de fuir, demeurent sur
place, cherchant à arracher une volupté condam-
nable à des mourantes ou même à des mortes, à
demi écrasées sous l'entassement de cadavres où le
hasard les a nichées.

Mais s'il faut un fléau majeur pour faire apparaître cette gratuité frénétique et si ce fléau
s'appelle la peste, peut-être pourrait-on rechercher
par rapport à notre personnalité totale ce que vaut
cette gratuité. L'état du pestiféré qui meurt sans
destruction de matière, avec en lui tous les stigmates d'un mal absolu et presque abstrait, est
identique à l'état de l'acteur que ses sentiments
sondent intégralement et bouleversent sans profit
pour la réalité. Tout dans l'aspect physique de
l'acteur comme dans celui du pestiféré, montre que
la vie a réagi au paroxysme, et pourtant, il ne s'est
rien passé.

actor = plague victim

Entre le pestiféré qui court en criant à la poursuite de ses images et l'acteur à la poursuite de sa sensibilité; entre le vivant qui se compose des personnages qu'il n'aurait jamais pensé sans cela à imaginer, et qui les réalise au milieu d'un public de cadavres et d'aliénés délirants, et le poète qui invente intempestivement des personnages et les livre à un public également inerte ou délirant, il y a d'autres analogies qui rendent raison des seules vérités qui comptent, et mettent l'action du théâtre comme celle de la peste sur le plan d'une véritable épidémie.

Là où les images de la peste en relation avec un état puissant de désorganisation physique sont comme les dernières fusées d'une force spirituelle qui s'épuise, les images de la poésie au théâtre sont une force spirituelle qui commence sa trajectoire dans le sensible et se passe de la réalité. Une fois lancé dans sa fureur, il faut infiniment plus de vertu à l'acteur pour s'empêcher de commettre un crime qu'il ne faut de courage à l'assassin pour parvenir à exécuter le sien, et c'est ici que, dans sa gratuité, l'action d'un sentiment au théâtre, apparaît comme quelque chose d'infiniment plus valable que celle d'un sentiment réalisé.

En face de la fureur de l'assassin qui s'épuise, celle de l'acteur tragique demeure dans un cercle pur et fermé. La fureur de l'assassin a accompli un acte, elle se décharge et perd le contact d'avec la force qui l'inspire, mais ne l'alimentera plus désormais. Elle a pris une forme, celle de l'acteur, qui se nie à mesure qu'elle se dégage, se fond dans l'universalité.

Si l'on veut bien admettre maintenant cette image spirituelle de la peste, on considérera les humeurs troublées du pesteux comme la face solidifiée et matérielle d'un désordre qui, sur d'autres plans, équivaut aux conflits, aux luttes, aux cataclysmes et aux débâcles que nous apportent les événements. Et de même qu'il n'est pas impossible que le désespoir inutilisé et les cris d'un aliéné dans un asile, ne soient cause de peste, par une sorte de réversibilité de sentiments et d'images, de même on peut bien admettre que les événements extérieurs, les conflits politiques, les cataclysmes naturels, l'ordre de la révolution et le désordre de la guerre, en passant sur le plan du théâtre se déchargent dans la sensibilité de qui les regarde avec la force d'une épidémie.

Saint Augustin dans *la Cité de Dieu* accuse cette similitude d'action entre la peste qui tue sans détruire d'organes et le théâtre qui, sans tuer, provoque dans l'esprit non seulement d'un individu, mais d'un peuple, les plus mystérieuses altérations.

« Sachez, dit-il, vous qui l'ignorez, que ces jeux

scéniques, spectacles de turpitudes, n'ont pas été établis à Rome par les vices des hommes, mais par l'ordre de vos dieux. Il serait plus raisonnable de rendre les honneurs divins à Scipion* qu'à de pareils dieux; certes, ils ne valaient pas leur pontife!...

« Pour apaiser la peste qui tuait les corps, vos dieux réclament en leur honneur ces jeux scéniques, et votre pontife, voulant éviter cette peste qui corrompt les âmes, s'oppose à la construction de la scène elle-même. S'il vous reste encore quelques lueurs d'intelligence pour préférer l'âme au corps, choisissez qui mérite vos adorations; car la ruse des Esprits mauvais prévoyant que la contagion allait cesser dans les corps, saisit avec joie cette occasion d'introduire un fléau beaucoup plus dangereux, puisqu'il s'attaque non pas aux corps, mais aux mœurs. En effet, tel est l'aveuglement, telle la corruption produite par les spectacles dans l'âme que, même en ces derniers temps, ceux que possède cette passion funeste, échappés au sac de Rome et réfugiés à Carthage, passaient chaque jour au théâtre, délirant à l'envi pour les histrions. »

Donner les raisons précises de ce délire communicatif est inutile. Autant vaudrait rechercher les raisons pour lesquelles l'organisme nerveux épouse

---

* Scipion Nasica, grand pontife, qui ordonna que les théâtres de Rome fussent nivelés, et leurs caves comblées.

au bout d'un certain temps les vibrations des plus subtiles musiques, jusqu'à en tirer une sorte de durable modification. Il importe avant tout d'admettre que comme la peste, le jeu théâtral soit un délire et qu'il soit communicatif.

L'esprit croit ce qu'il voit et fait ce qu'il croit : c'est le secret de la fascination. Et saint Augustin ne révoque pas en doute un seul instant, dans son texte, la réalité de cette fascination.

Cependant il y a des conditions à retrouver pour faire naître dans l'esprit un spectacle qui le fascine : et ce n'est pas une simple affaire d'art.

Car si le théâtre est comme la peste, ce n'est pas seulement parce qu'il agit sur d'importantes collectivités et qu'il les bouleverse dans un sens identique. Il y a dans le théâtre comme dans la peste quelque chose à la fois de victorieux et de vengeur. Cet incendie spontané que la peste allume où elle passe, on sent très bien qu'il n'est pas autre chose qu'une immense liquidation.

Un désastre social si complet, un tel désordre organique, ce débordement de vices, cette sorte d'exorcisme total qui presse l'âme et la pousse à bout, indiquent la présence d'un état qui est d'autre part une force extrême et où se retrouvent à vif toutes les puissances de la nature au moment où celle-ci va accomplir quelque chose d'essentiel.

La peste prend des images qui dorment, un

désordre latent et les pousse tout à coup jusqu'aux gestes les plus extrêmes; et le théâtre lui aussi prend des gestes et les pousse à bout : comme la peste il refait la chaîne entre ce qui est et ce qui n'est pas, entre la virtualité du possible et ce qui existe dans la nature matérialisée. Il retrouve la notion des figures et des symboles-types, qui agissent comme des coups de silence, des points d'orgue, des arrêts de sang, des appels d'humeur, des poussées inflammatoires d'images dans nos têtes brusquement réveillées; tous les conflits qui dorment en nous, il nous les restitue avec leurs forces et il donne à ces forces des noms que nous saluons comme des symboles : et voici qu'a lieu devant nous une bataille de symboles, rués les uns contre les autres dans un impossible piétinement; car il ne peut y avoir théâtre qu'à partir du moment où commence réellement l'impossible et où la poésie qui se passe sur la scène alimente et surchauffe des symboles réalisés.

Ces symboles qui sont le signe de forces mûres, mais jusque-là tenues en servitude, et inutilisables dans la réalité, éclatent sous l'aspect d'images incroyables qui donnent droit de cité et d'existence à des actes hostiles par nature à la vie des sociétés.

Une vraie pièce de théâtre bouscule le repos des sens, libère l'inconscient comprimé, pousse à une sorte de révolte virtuelle et qui d'ailleurs ne peut avoir tout son prix que si elle demeure virtuelle, impose aux collectivités rassemblées une attitude héroïque et difficile.

C'est ainsi que dans l'*Annabella* de Ford, nous voyons pour notre plus grande stupeur, et dès le lever du rideau, un être rué dans une revendication insolente d'inceste, et qui tend toute sa vigueur d'être conscient et jeune à la proclamer et à la justifier.

Il ne balance pas un instant, il n'hésite pas une minute ; et il montre par là combien peu comptent toutes les barrières qui pourraient lui être opposées. Il est criminel avec héroïsme et il est héroïque avec audace et ostentation. Tout le pousse dans ce sens et l'exalte, il n'y a pour lui ni terre ni ciel, mais la force de sa passion convulsive, à laquelle ne manque pas de répondre la passion rebelle, elle aussi, et tout aussi héroïque d'Annabella.

« Je pleure, dit celle-ci, non de remords, mais de crainte de ne pouvoir parvenir à l'assouvissement de ma passion. » Ils sont tous deux faussaires, hypocrites, menteurs, pour le bien de leur passion surhumaine que les lois endiguent et briment, mais qu'ils mettront au-dessus des lois.

Vengeance pour vengeance, et crime pour crime. Là où nous les croyons menacés, traqués, perdus et où nous sommes prêts à les plaindre comme des victimes, ils se révèlent prêts à rendre à la destinée menace pour menace et coup pour coup.

Nous marchons avec eux d'excès en excès et de revendication en revendication. Annabella est prise, convaincue d'adultère, d'inceste, piétinée, insultée, traînée par les cheveux, et notre stupeur est grande de voir que loin de chercher une échappatoire, elle provoque encore son bourreau et chante dans une sorte d'héroïsme obstiné. C'est l'absolu de la révolte, c'est l'amour sans répit, et exemplaire, qui nous fait, nous spectateurs, haleter d'angoisse à l'idée que rien ne pourra jamais l'arrêter.

Si l'on cherche un exemple de la liberté absolue dans la révolte, l'*Annabella* de Ford nous offre ce poétique exemple lié à l'image du danger absolu.

Et quand nous nous croyons arrivés au paroxysme de l'horreur, du sang, des lois bafouées, de la poésie enfin que sacre la révolte, nous sommes obligés d'aller encore plus loin dans un vertige que rien ne peut arrêter.

Mais à la fin, nous disons-nous, c'est la vengeance, c'est la mort pour tant d'audace et pour un aussi irrésistible forfait.

Eh bien, non. Et Giovanni, l'amant, qu'un grand poète exalté inspire, va se mettre au-dessus de la vengeance, au-dessus du crime, par une sorte de crime indescriptible et passionné, au-dessus de la menace, au-dessus de l'horreur par une horreur plus grande qui déroute en même temps les lois, la morale et ceux qui osent avoir l'audace de s'ériger en justiciers.

Un piège est savamment ourdi, un grand festin est commandé où, parmi les convives, des spadassins et des sbires seront cachés, prêts, au premier signal, à se précipiter sur lui. Mais ce héros traqué, perdu, et que l'amour inspire, ne va laisser personne faire justice de cet amour.

Vous voulez, semble-t-il dire, la peau de mon amour, c'est moi qui vous jetterai cet amour à la face, qui vous aspergerai du sang de cet amour à la hauteur duquel vous êtes incapables de vous élever.

Et il tue son amante et lui arrache le cœur comme pour s'en repaître au milieu d'un festin où c'est lui-même que les convives espéraient peut-être dévorer.

Et avant d'être exécuté, il tue encore son rival, le mari de sa sœur, qui osa s'élever entre cet amour et lui, et il l'exécute dans un dernier combat qui apparaît alors comme son propre sursaut d'agonie.

Comme la peste, le théâtre est donc un formidable appel de forces qui ramènent l'esprit par l'exemple à la source de ses conflits. Et l'exemple passionnel de Ford n'est, on le sent très bien, que le symbole d'un travail plus grandiose et tout à fait essentiel.

La terrorisante apparition du Mal qui dans les Mystères d'Éleusis était donnée dans sa forme pure, et était vraiment révélée, répond au temps noir de certaines tragédies antiques que tout vrai théâtre doit retrouver.

Si le théâtre essentiel est comme la peste, ce n'est pas parce qu'il est contagieux, mais parce que comme la peste il est la révélation, la mise en avant, la poussée vers l'extérieur d'un fond de cruauté latente par lequel se localisent sur un individu ou sur un peuple toutes les possibilités perverses de l'esprit.

Comme la peste il est le temps du mal, le triomphe des forces noires, qu'une force encore plus profonde alimente jusqu'à l'extinction.

Il y a en lui comme dans la peste une sorte d'étrange soleil, une lumière d'une intensité anormale où il semble que le difficile et l'impossible même deviennent tout à coup notre élément normal. Et l'*Annabella* de Ford, comme tout théâtre vraiment valable, est sous l'éclat de cet étrange soleil. Elle ressemble à la liberté de la peste où de degré en degré, d'échelon en échelon, l'agonisant gonfle son personnage, où le vivant devient au fur et à mesure un être grandiose et surtendu.

On peut dire maintenant que toute vraie liberté est noire et se confond immanquablement avec la liberté du sexe qui est noire elle aussi sans que l'on sache très bien pourquoi. Car il y a longtemps que l'Éros platonicien, le sens génésique, la liberté de vie, a disparu sous le revêtement sombre de la *Libido* que l'on identifie avec tout ce qu'il y a de sale, d'abject, d'infamant dans le fait de vivre, de se précipiter avec une vigueur naturelle et impure, avec une force toujours renouvelée vers la vie.

Et c'est ainsi que tous les grands Mythes sont noirs et qu'on ne peut imaginer hors d'une atmosphère de carnage, de torture, de sang versé, toutes les magnifiques Fables qui racontent aux foules le premier partage sexuel et le premier carnage d'essences qui apparaissent dans la création.

Le théâtre, comme la peste, est à l'image de ce carnage, de cette essentielle séparation. Il dénoue des conflits, il dégage des forces, il déclenche des possibilités, et si ces possibilités et ces forces sont noires, c'est la faute non pas de la peste ou du théâtre, mais de la vie.

Nous ne voyons pas que la vie telle qu'elle est et telle qu'on nous l'a faite offre beaucoup de sujets d'exaltation. Il semble que par la peste et collectivement un gigantesque abcès, tant moral que social, se vide; et de même que la peste, le théâtre est fait pour vider collectivement des abcès.

Il se peut que le poison du théâtre jeté dans le corps social le désagrège, comme dit saint Augus-

tin, mais il le fait alors à la façon d'une peste, d'un
fléau vengeur, d'une épidémie salvatrice dans
laquelle les époques crédules ont voulu voir le doigt
de Dieu et qui n'est pas autre chose que l'application d'une loi de nature où tout geste est compensé
par un geste et toute action par sa réaction.

Le théâtre comme la peste est une crise qui se
dénoue par la mort ou par la guérison. Et la peste
est un mal supérieur parce qu'elle est une crise
complète après laquelle il ne reste rien que la mort
ou qu'une extrême purification. De même le
théâtre est un mal parce qu'il est l'équilibre
suprême qui ne s'acquiert pas sans destruction. Il
invite l'esprit à un délire qui exalte ses énergies; et
l'on peut voir pour finir que du point de vue
humain, l'action du théâtre comme celle de la peste,
est bienfaisante, car poussant les hommes à se voir
tels qu'ils sont, elle fait tomber le masque, elle
découvre le mensonge, la veulerie, la bassesse, la
tartuferie; elle secoue l'inertie asphyxiante de la
matière qui gagne jusqu'aux données les plus
claires des sens; et révélant à des collectivités leur
puissance sombre, leur force cachée, elle les invite à
prendre en face du destin une attitude héroïque
et supérieure qu'elles n'auraient jamais eue sans
cela.

Et la question qui se pose maintenant est de
savoir si dans ce monde qui glisse, qui se suicide

sans s'en apercevoir, il se trouvera un noyau
d'hommes capables d'imposer cette notion supérieure du théâtre, qui nous rendra à tous l'équi-
valent naturel et magique des dogmes auxquels
nous ne croyons plus.

LA MISE EN SCÈNE
ET LA MÉTAPHYSIQUE [1]

Il y a au Louvre une peinture de Primitif, connu ou inconnu, je ne sais, mais dont le nom ne sera jamais représentatif d'une période importante de l'histoire de l'art. Ce Primitif s'appelle Lucas van den Leyden et il rend à mon sens inutiles et non avenus les quatre ou cinq cents ans de peinture qui sont venus après lui. La toile dont je parle s'intitule *les Filles de Loth*, sujet biblique de mode à cette époque-là. Certes on n'entendait pas, au Moyen Age, la Bible comme nous l'entendons aujourd'hui, et cette toile est un exemple étrange des déductions mystiques qui peuvent en être tirées. Son pathétique en tout cas est visible même de loin, il frappe l'esprit par une sorte d'harmonie visuelle foudroyante, je veux dire dont l'acuité agit tout entière et se rassemble dans un seul regard. Même avant d'avoir pu voir de quoi il s'agit, on sent qu'il se passe là quelque chose de grand, et l'oreille, dirait-on, en est émue en même temps que l'œil. Un

drame d'une haute importance intellectuelle,
semble-t-il, se trouve ramassé là comme un rassemblement brusque de nuages que le vent, ou une
fatalité beaucoup plus directe, aurait amenés à
mesurer leurs foudres.

Et en effet le ciel du tableau est noir et chargé,
mais même avant d'avoir pu distinguer que le
drame était né dans le ciel, se passait dans le ciel,
l'éclairage particulier de la toile, le fouillis des
formes, l'impression qui s'en dégage de loin, tout
cela annonce une sorte de drame de la nature, dont
je défie bien n'importe quel peintre des Hautes
Époques de la peinture de nous proposer l'équi-
valent.

Une tente se dresse au bord de la mer, devant
laquelle Loth, assis avec sa cuirasse et une barbe du
plus beau rouge, regarde évoluer ses filles, comme
s'il assistait à un festin de prostituées.

Et en effet elles se pavanent, les unes en mères de
famille, les autres en guerrières, se peignent les
cheveux et font des armes, comme si elles n'avaient
jamais eu d'autre but que de charmer leur père, de
lui servir de jouet ou d'instrument. C'est ainsi
qu'apparaît le caractère profondément incestueux
du vieux thème que le peintre développe ici en des
images passionnées. Preuve qu'il en a compris
absolument comme un homme moderne, c'est-à-
dire comme nous pourrions la comprendre nous-

mêmes, toute la profonde sexualité. Preuve que son caractère de sexualité profonde mais poétique ne lui a, pas plus qu'à nous, échappé.

Sur la gauche du tableau, et un peu en arrière-plan, s'élève à de prodigieuses hauteurs une tour noire, étayée à sa base par tout un système de rocs, de plantes, de chemins en lacets marqués de bornes, ponctués çà et là de maisons. Et par un heureux effet de perspective, un de ces chemins se dégage à un moment donné du fouillis à travers lequel il se faufilait, traverse un pont, pour recevoir finalement un rayon de cette lumière orageuse qui déborde d'entre les nuages, et asperge irrégulière-ment la contrée. La mer dans le fond de la toile est extrêmement haute, et en plus extrêmement calme étant donné cet écheveau de feu qui bouillonne dans un coin du ciel.

Il arrive que dans le grésillement d'un feu d'artifice, à travers le bombardement nocturne des étoiles, des fusées, des bombes solaires, nous voyions tout à coup se révéler à nos yeux dans une lumière d'hallucination, venus en relief sur la nuit, certains détails du paysage : arbres, tour, mon-tagnes, maisons, dont l'éclairage et dont l'appari-tion demeureront définitivement liés dans notre esprit avec l'idée de ce déchirement sonore ; il n'est pas possible de mieux exprimer cette soumission des aspects divers du paysage au feu manifesté dans le ciel, qu'en disant que bien qu'ils possèdent leur lumière propre, ils demeurent malgré tout en relation avec lui, comme des sortes d'échos ralentis, comme de vivants points de repère nés de lui et placés là pour lui permettre d'exercer toute sa force de destruction.

Il y a d'ailleurs dans la façon dont le peintre décrit ce feu quelque chose d'affreusement énergique, et de troublant comme un élément encore en action et mobile dans une expression immobilisée. Peu importe par quels moyens cet effet est atteint, il est réel; il suffit de voir la toile pour s'en convaincre.

Quoi qu'il en soit, ce feu dont nul ne niera l'impression d'intelligence et de méchanceté qui s'en dégage, sert, par sa violence même, de contre-poids dans l'esprit à la stabilité matérielle et pesante du reste.

Entre la mer et le ciel, mais vers la droite, et sur le même plan en perspective que la Tour Noire, s'avance une mince langue de terre couronnée d'un monastère en ruine.

Cette langue de terre, si proche qu'elle paraisse du rivage sur lequel se dresse la tente de Loth, laisse place à un golfe immense dans lequel semble s'être produit un désastre maritime sans précédent. Des vaisseaux coupés en deux et qui n'arrivent pas à couler s'appuient sur la mer comme sur des béquilles, laissant de toutes parts flotter leurs mâtures arrachées et leurs espars [2].

Dire pourquoi l'impression de désastre, qui se dégage de la vue d'un ou deux navires seulement en morceaux, est si totale, serait difficile.

Il semble que le peintre ait eu connaissance de certains secrets concernant l'harmonie linéaire, et des moyens de la faire agir directement sur le cerveau, comme un réactif physique. En tout cas cette impression d'intelligence répandue dans la nature extérieure, et surtout dans la façon de la représenter, est visible dans plusieurs autres détails de la toile, témoin ce pont de la hauteur d'une maison de huit étages dressé sur la mer, et où des personnages, à la queue leu leu, défilent comme les Idées dans la caverne de Platon [3].

Prétendre que les idées qui se dégagent de ce tableau sont claires serait faux. Elles sont en tout cas d'une grandeur dont la peinture qui ne sait que peindre, c'est-à-dire toute la peinture de plusieurs siècles, nous a complètement désaccoutumés.

Il y a accessoirement, du côté de Loth et de ses filles, une idée sur la sexualité et la reproduction, avec Loth qui semble mis là pour profiter de ses filles abusivement, comme un frelon.

C'est à peu près la seule idée sociale que la peinture contienne.

Toutes les autres idées sont métaphysiques. Je

regrette beaucoup de prononcer ce mot-là, mais c'est leur nom ; et je dirai même que leur grandeur poétique, leur efficacité concrète sur nous, vient de ce qu'elles sont métaphysiques, et que leur profondeur spirituelle est inséparable de l'harmonie formelle et extérieure du tableau.

Il y a encore une idée sur le Devenir que les divers détails du paysage et la façon dont ils sont peints, dont leurs plans s'annihilent ou se correspondent, nous introduisent dans l'esprit absolument comme une musique le ferait.

Il y en a une autre sur la Fatalité, exprimée moins par l'apparition de ce feu brusque, que par la façon solennelle dont toutes les formes s'organisent ou se désorganisent au-dessous de lui, les unes comme courbées sous un vent de panique irrésistible, les autres immobiles et presque ironiques, toutes obéissant à une harmonie intellectuelle puissante, qui semble l'esprit même de la nature, extériorisé.

Il y a encore une idée sur le Chaos, il y en a sur le Merveilleux, sur l'Équilibre ; il y en a même une ou deux sur les impuissances de la Parole dont cette peinture suprêmement matérielle et anarchique semble nous démontrer l'inutilité.

Je dis en tout cas que cette peinture est ce que le théâtre devrait être, s'il savait parler le langage qui lui appartient.

Et je pose une question :

Comment se fait-il qu'au théâtre, au théâtre du moins tel que nous le connaissons en Europe, ou mieux en Occident, tout ce qui est spécifiquement théâtral, c'est-à-dire tout ce qui n'obéit pas à l'expression par la parole, par les mots, ou si l'on veut tout ce qui n'est pas contenu dans le dialogue (et le dialogue lui-même considéré en fonction de ses possibilités de sonorisation sur la scène, et des *exigences* de cette sonorisation) soit laissé à l'arrière-plan?

Comment se fait-il d'ailleurs que le théâtre occidental (je dis occidental car il y en a heureusement d'autres, comme le théâtre oriental, qui ont su conserver intacte l'idée de théâtre, tandis qu'en Occident cette idée s'est, — comme tout le reste, — *prostituée*), comment se fait-il que le théâtre occidental ne voie pas le théâtre sous un autre aspect que celui du théâtre dialogué?

Le dialogue — chose écrite et parlée — n'appartient pas spécifiquement à la scène, il appartient au livre; et la preuve, c'est que l'on réserve dans les manuels d'histoire littéraire une place au théâtre considéré comme une branche accessoire de l'histoire du langage articulé.

Je dis que la scène est un lieu physique et concret qui demande qu'on le remplisse, et qu'on lui fasse parler son langage concret.

Je dis que ce langage concret, destiné aux sens et indépendant de la parole, doit satisfaire d'abord les sens, qu'il y a une poésie pour les sens comme il y en a une pour le langage, et que ce langage physique et concret auquel je fais allusion n'est vraiment théâtral que dans la mesure où les pensées qu'il exprime échappent au langage articulé.

On me demandera quelles sont ces pensées que la parole ne peut exprimer et qui pourraient beaucoup mieux que par la parole trouver leur expression idéale dans le langage concret et physique du plateau?

Je répondrai à cette question un peu plus tard. Le plus urgent me paraît être de déterminer en quoi consiste ce langage physique, ce langage matériel et solide par lequel le théâtre peut se différencier de la parole.

Il consiste dans tout ce qui occupe la scène, dans tout ce qui peut se manifester et s'exprimer matériellement sur une scène, et qui s'adresse d'abord aux sens au lieu de s'adresser d'abord à l'esprit comme le langage de la parole. (Je sais bien que les mots eux aussi ont des possibilités de sonorisation, des façons diverses de se projeter dans l'espace, que l'on appelle les *intonations*. Et il y aurait d'ailleurs beaucoup à dire sur la valeur concrète de l'intonation au théâtre, sur cette faculté qu'ont les mots de créer eux aussi une musique

suivant la façon dont ils sont prononcés, indépendamment de leur sens concret, et qui peut même
aller contre ce sens, — de créer sous le langage un
courant souterrain d'impressions, de correspondances, d'analogies ; mais cette façon théâtrale de
considérer le langage est déjà *un côté* du langage
accessoire pour l'auteur dramatique, et dont, surtout actuellement, il ne tient plus du tout compte
dans l'établissement de ses pièces. Donc passons.)

Ce langage fait pour les sens doit au préalable
s'occuper de les satisfaire. Cela ne l'empêche pas de
développer ensuite toutes ses conséquences intellec-
tuelles sur tous les plans possibles et dans toutes les
directions. Et cela permet la substitution à la poésie
du langage, d'une poésie dans l'espace qui se
résoudra justement dans le domaine de ce qui
n'appartient pas strictement aux mots.

Sans doute aimerait-on avoir, pour mieux comprendre ce que je veux dire, quelques exemples de
cette poésie dans l'espace, capable de créer des
sortes d'images matérielles, équivalant aux images
des mots. On retrouvera ces exemples un peu plus
loin.

Cette poésie très difficile et complexe revêt de
multiples aspects : elle revêt d'abord ceux de tous
les moyens d'expression utilisables sur une scène *,

* Dans la mesure où ils se révèlent capables de profiter des
possibilités physiques immédiates que la scène leur offre pour

comme musique, danse, plastique, pantomime, mimique, gesticulation, intonations, architecture, éclairage et décor.

Chacun de ces moyens a sa poésie à lui, intrinsèque, ensuite une sorte de poésie ironique qui provient de la façon dont il se combine avec les autres moyens d'expression; et les conséquences de ces combinaisons, de leurs réactions et de leurs destructions réciproques, sont faciles à apercevoir.

Je reviendrai un peu plus loin sur cette poésie qui ne peut avoir toute son efficacité que si elle est concrète, c'est-à-dire si elle produit objectivement quelque chose, du fait de sa présence *active* sur la scène; — si un son comme dans le Théâtre Balinais équivaut à un geste, et au lieu de servir de décor, d'accompagnement à une pensée, la fait évoluer, la dirige, la détruit, ou la change définitivement, etc.

Une forme de cette poésie dans l'espace, — en dehors de celle qui peut être créée par des combinaisons de lignes, de formes, de couleurs, d'objets à l'état brut, comme on en trouve dans tous les arts, — appartient au langage par signes. Et on me laissera parler un instant, j'espère, de cet

---

substituer aux formes figées de l'art des formes vivantes et menaçantes, par lesquelles le sens de la vieille magie cérémonielle peut retrouver sur le plan du théâtre une nouvelle réalité; dans la mesure où ils cèdent à ce qu'on pourrait appeler la *tentation physique* de la scène.

autre aspect du langage théâtral pur, qui échappe à la parole, de ce langage par signes, par gestes et attitudes ayant une valeur idéographique tels qu'ils existent dans certaines pantomimes non perverties.

Par « pantomime non pervertie » j'entends la pantomime directe où les gestes au lieu de représenter des mots, des corps de phrases, comme dans notre pantomime européenne vieille de cinquante ans seulement, et qui n'est qu'une déformation des parties muettes de la comédie italienne, représentent des idées, des attitudes de l'esprit, des aspects de la nature, et cela d'une manière effective, concrète, c'est-à-dire en évoquant toujours des objets ou détails naturels, comme ce langage oriental qui représente la nuit par un arbre sur lequel un oiseau qui a déjà fermé un œil commence à fermer l'autre. Et une autre idée abstraite ou attitude d'esprit pourrait être représentée par quelques-uns des innombrables symboles de l'Écriture, exemple : le trou d'aiguille à travers lequel le chameau est incapable de passer.

On voit que ces signes constituent de véritables hiéroglyphes, où l'homme, dans la mesure où il contribue à les former, n'est qu'une forme comme une autre, à laquelle, du fait de sa nature double, il ajoute pourtant un prestige singulier.

Ce langage qui évoque à l'esprit des images d'une poésie naturelle (ou spirituelle) intense donne bien

l'idée de ce que pourrait être au théâtre une poésie
dans l'espace indépendante du langage articulé.

Quoi qu'il en soit de ce langage et de sa poésie, je
remarque que dans notre théâtre qui vit sous la
dictature exclusive de la parole, ce langage de
signes et de mimique, cette pantomime silencieuse,
ces attitudes, ces gestes dans l'air, ces intonations
objectives, bref tout ce que je considère comme
spécifiquement théâtral dans le théâtre, tous ces
éléments quand ils existent en dehors du texte, sont
pour tout le monde la partie basse du théâtre, on les
appelle négligemment « de l'art », et ils se
confondent avec ce que l'on entend par mise en
scène ou « réalisation », bien heureux quand on
n'attribue pas au mot de mise en scène l'idée de
cette somptuosité artistique et extérieure, qui
appartient exclusivement aux costumes, aux éclairages, et au décor.

Et en opposition avec cette façon de voir, façon
qui me paraît à moi tout occidentale ou plutôt
latine, c'est-à-dire butée, je dirai que dans la
mesure où ce langage part de la scène, où il tire son
efficacité de sa création spontanée sur la scène, dans
la mesure où il se bat directement avec la scène sans
passer par les mots (et pourquoi n'imaginerait-on
pas une pièce composée directement sur la scène,
réalisée sur la scène), — c'est la mise en scène qui
est le théâtre beaucoup plus que la pièce écrite et

parlée. On va me demander sans doute de préciser ce qu'il y a de latin dans cette façon de voir opposée à la mienne. Ce qu'il y a de latin, c'est ce besoin de se servir des mots pour exprimer des idées qui soient claires. Car pour moi les idées claires sont, au théâtre comme partout ailleurs, des idées mortes et terminées.

L'idée d'une pièce faite de la scène directement, en se heurtant aux obstacles de la réalisation et de la scène impose la découverte d'un langage actif, actif et anarchique, où les délimitations habituelles des sentiments et des mots soient abandonnées.

En tout cas, et je m'empresse de le dire tout de suite, un théâtre qui soumet la mise en scène et la réalisation, c'est-à-dire tout ce qu'il y a en lui de spécifiquement théâtral, au texte, est un théâtre d'idiot, de fou, d'inverti, de grammairien, d'épicier, d'anti-poète et de positiviste, c'est-à-dire d'Occidental.

Je sais bien d'ailleurs que le langage des gestes et attitudes, que la danse, que la musique sont moins capables d'élucider un caractère, de raconter les pensées humaines d'un personnage, d'exposer des états de conscience clairs et précis que le langage verbal, mais qui a dit que le théâtre était fait pour élucider un caractère, pour la solution de conflits d'ordre humain et passionnel, d'ordre actuel et psychologique comme notre théâtre contemporain en est rempli?

Étant donné le théâtre tel que nous le voyons ici on dirait qu'il ne s'agit plus dans la vie que de savoir si nous baiserons bien, si nous ferons la guerre ou si nous serons assez lâches pour faire la paix, comment nous nous accommodons de nos petites angoisses morales, et si nous prendrons conscience de nos « complexes » (ceci dit en langage savant) ou bien si nos « complexes » nous étoufferont. Il est rare d'ailleurs que le débat s'élève jusqu'au plan social et que le procès de notre système social et moral soit entrepris. Notre théâtre ne va jamais jusqu'à se demander si ce système social et moral ne serait par hasard pas inique.

Or je dis que l'état social actuel est inique et bon à détruire. Si c'est le fait du théâtre de s'en préoccuper, c'est encore plus celui de la mitraille. Notre théâtre n'est même pas capable de poser la question de la façon brûlante et efficace qu'il faudrait, mais la poserait-il qu'il sortirait encore de son objet qui est pour moi plus hautain et plus secret.

Toutes les préoccupations plus haut énumérées puent l'homme invraisemblablement, l'homme provisoire et matériel, je dirai même l'*homme-charogne*. Ces préoccupations en ce qui me concerne me dégoûtent, me dégoûtent au plus haut degré comme à peu près tout le théâtre contemporain, aussi humain qu'il est anti-poétique, et qui, trois ou quatre pièces exceptées, me paraît puer la décadence et la sanie.

Le théâtre contemporain est en décadence parce qu'il a perdu le sentiment d'un côté du sérieux et de l'autre du rire. Parce qu'il a rompu avec la gravité, avec l'efficacité immédiate et pernicieuse, — et pour tout dire avec le Danger.

Parce qu'il a perdu d'autre part le sens de l'humour vrai et du pouvoir de dissociation physique et anarchique du rire.

Parce qu'il a rompu avec l'esprit d'anarchie profonde qui est à la base de toute poésie.

Il faut bien admettre que tout dans la destination d'un objet, dans le sens ou dans l'utilisation d'une forme naturelle, tout est affaire de convention.

La nature quand elle a donné à un arbre la forme d'un arbre aurait tout aussi bien pu lui donner la forme d'un animal ou d'une colline, nous aurions pensé *arbre* devant l'animal ou la colline, et le tour aurait été joué.

Il est entendu qu'une jolie femme a une voix harmonieuse; si nous avions entendu depuis que le monde est monde toutes les jolies femmes nous appeler à coups de trompe et nous saluer de barrissements, nous aurions pour l'éternité associé l'idée de barrissement à l'idée de jolie femme, et une partie de notre vision interne du monde en aurait été radicalement transformée.

On comprend par là que la poésie est anarchique dans la mesure où elle remet en cause toutes les relations d'objet à objet et des formes avec leurs significations. Elle est anarchique aussi dans la mesure où son apparition est la conséquence d'un désordre qui nous rapproche du chaos.

Je n'en donnerai pas de nouveaux exemples. On pourrait les multiplier à l'infini et pas seulement avec des exemples humoristiques comme ceux dont je viens de me servir.

Théâtralement ces inversions de formes, ces déplacements de significations pourraient devenir l'élément essentiel de cette poésie humoristique et dans l'espace qui est le fait de la mise en scène exclusivement.

Dans un film des Marx Brothers [4] un homme croyant recevoir dans ses bras une femme, reçoit dans ses bras une vache, qui pousse un mugissement. Et, par un concours de circonstances sur lequel il serait trop long d'insister, ce mugissement, à ce moment-là, prend une dignité intellectuelle égale à celle de n'importe quel cri de femme.

Une telle situation qui est possible au cinéma n'est pas moins possible au théâtre telle quelle : il suffirait de peu de chose, et par exemple de remplacer la vache par un mannequin animé, une sorte de monstre doué de la parole, ou d'un homme déguisé en animal, pour retrouver le secret d'une poésie objective à base d'humour, à laquelle a renoncé le théâtre, qu'il a abandonnée au music-hall et dont le cinéma ensuite a tiré parti.

J'ai parlé tout à l'heure de danger. Or ce qui me paraît devoir le mieux réaliser à la scène cette idée de danger est l'imprévu objectif, l'imprévu non dans les situations mais dans les choses, le passage intempestif, brusque, d'une image pensée à une image vraie; et par exemple qu'un homme qui blasphème voie se matérialiser brusquement devant lui en traits réels l'image de son blasphème (à condition toutefois, ajouterai-je, que cette image ne soit pas entièrement gratuite, qu'elle donne naissance à son tour à d'autres images de la même veine spirituelle, etc.).

Un autre exemple serait l'apparition d'un Être inventé, fait de bois et d'étoffe, créé de toutes pièces, ne répondant à rien, et cependant inquiétant par nature, capable de réintroduire sur la scène un petit souffle de cette grande peur métaphysique qui est à la base de tout le théâtre ancien.

Les Balinais avec leur dragon inventé, comme tous les Orientaux, n'ont pas perdu le sens de cette peur mystérieuse dont ils savent qu'elle est un des éléments les plus agissants (et d'ailleurs essentiel) du théâtre, quand on le remet à son véritable plan.

C'est que la vraie poésie, qu'on le veuille ou non, est métaphysique et c'est même, dirai-je, sa portée métaphysique, son degré d'efficacité métaphysique qui en fait tout le véritable prix.

Voilà la deuxième ou la troisième fois que je m'adresse ici à la métaphysique. Je parlais tout à l'heure, à propos de la psychologie, d'idées mortes et je sens que beaucoup seront tentés de me dire que s'il y a au monde une idée inhumaine, une idée inefficace et morte et qui ne dit que peu de chose, même à l'esprit, c'est bien celle de la métaphysique.

Cela tient, comme dit René Guénon [5], « à notre façon purement occidentale, à notre façon antipoétique et tronquée de considérer les principes (en dehors de l'état spirituel énergique et massif qui leur correspond) ».

Dans le théâtre oriental à tendances métaphysiques opposé au théâtre occidental à tendances psychologiques, tout cet amas compact de gestes, de signes, d'attitudes, de sonorités, qui constitue le langage de la réalisation et de la scène, ce langage qui développe toutes ses conséquences physiques et poétiques sur tous les plans de la conscience et dans tous les sens, entraîne nécessairement la pensée à prendre des attitudes profondes qui sont ce que l'on pourrait appeler de la *métaphysique en activité*.

Je reprendrai ce point tout à l'heure. Pour l'instant revenons-en au théâtre connu.

Il y a quelques jours, j'assistais à une discussion sur le théâtre[6]. J'ai vu des sortes d'hommes-serpents autrement appelés auteurs dramatiques, venir m'expliquer la façon d'insinuer une pièce à un directeur, comme ces hommes de l'histoire qui insinuaient des poisons dans l'oreille de leurs rivaux. Il s'agissait, je crois, de déterminer l'orientation future du théâtre, et, en d'autres termes, son destin.

On n'a rien déterminé du tout, et à aucun moment il n'a été question du vrai destin du théâtre, c'est-à-dire de ce que, par définition et par essence, le théâtre est destiné à représenter, ni des moyens dont il dispose pour cela. Mais en revanche le théâtre m'est apparu comme une sorte de monde gelé, avec des artistes engoncés dans des gestes qui ne leur serviront désormais plus à rien, avec en l'air des intonations solides et qui retombent déjà en morceaux, avec des musiques réduites à une espèce d'énumération chiffrée dont les signes commencent à s'effacer, avec des sortes d'éclats lumineux, eux-mêmes solidifiés et qui répondent à des traces de mouvements, — et avec autour de cela un papillotement extraordinaire d'hommes en habits noirs qui se disputent des timbres de quittance, au pied d'un contrôle chauffé à blanc. Comme si la machine théâtrale était désormais réduite à tout ce qui l'entoure ; et c'est parce qu'elle est réduite à tout ce qui l'entoure et que le théâtre est réduit à tout ce qui n'est plus le théâtre, que son atmosphère pue aux narines des gens de goût.

Pour moi le théâtre se confond avec ses possibilités de réalisation quand on en tire les conséquences poétiques extrêmes, et les possibilités de réalisation du théâtre appartiennent tout entières au domaine de la mise en scène, considérée comme un langage dans l'espace et en mouvement.

Or tirer les conséquences poétiques extrêmes des moyens de réalisation c'est en faire la métaphysique, et je crois que nul ne s'élèvera contre cette manière de considérer la question.

Et faire la métaphysique du langage, des gestes, des attitudes, du décor, de la musique au point de vue théâtral, c'est, me semble-t-il, les considérer par rapport à toutes les façons qu'ils peuvent avoir de se rencontrer avec le temps et avec le mouvement.

Donner des exemples objectifs de cette poésie consécutive aux diverses façons que peuvent avoir un geste, une sonorité, une intonation de s'appuyer avec plus ou moins d'insistance sur telle ou telle partie de l'espace, à tel ou tel moment, me paraît aussi difficile que de communiquer avec des mots le sentiment de la qualité particulière d'un son ou du degré et de la qualité d'une douleur physique. Cela dépend de la réalisation et ne peut se déterminer que sur la scène.

Il me faudrait maintenant passer en revue tous les moyens d'expression que le théâtre (ou la mise en scène qui, dans le système que je viens d'exposer se confond avec lui) contient. Cela m'entraînerait trop loin; et j'en prendrai simplement un ou deux exemples.

D'abord le langage articulé.

Faire la métaphysique du langage articulé, c'est faire servir le langage à exprimer ce qu'il n'exprime pas d'habitude : c'est s'en servir d'une façon nouvelle, exceptionnelle et inaccoutumée, c'est lui rendre ses possibilités d'ébranlement physique, c'est le diviser et le répartir activement dans l'espace, c'est prendre les intonations d'une manière concrète absolue et leur restituer le pouvoir qu'elles auraient de déchirer et de manifester réellement quelque chose, c'est se retourner contre le langage et ses sources bassement utilitaires, on pourrait dire alimentaires, contre ses origines de bête traquée, c'est enfin considérer le langage sous la forme de l'*Incantation*.

Tout dans cette façon poétique et active d'envisager l'expression sur la scène nous conduit à nous détourner de l'acception humaine, actuelle et psychologique du théâtre, pour en retrouver l'accep-

th relig.

tion religieuse et mystique dont notre théâtre a
complètement perdu le sens.

S'il suffit d'ailleurs de prononcer les mots de
religieux ou de *mystique* pour être confondu avec un
sacristain, ou avec un bonze profondément illettré
et extérieur de temple boudhique, bon tout au plus
à tourner des crécelles physiques de prières, cela
juge simplement notre incapacité de tirer d'un mot
toutes ses conséquences, et notre ignorance profonde de l'esprit de synthèse et d'analogie.

Cela veut peut-être dire qu'au point où nous en
sommes nous avons perdu tout contact avec le vrai
théâtre, puisque nous le limitons au domaine de ce
que la pensée journalière peut atteindre, au
domaine connu ou inconnu de la conscience; — et
si nous nous adressons théâtralement à l'inconscient, ce n'est guère que pour lui arracher ce qu'il a
pu amasser (ou cacher) d'expérience accessible et
de tous les jours.

Que l'on dise d'ailleurs qu'une des raisons de
l'efficacité physique sur l'esprit, de la force d'action
directe et imagée de certaines réalisations du
théâtre oriental comme celles du Théâtre Balinais,
est que ce théâtre s'appuie sur des traditions
millénaires, qu'il a conservé intacts les secrets
d'utilisation des gestes, des intonations, de l'harmonie, par rapport aux sens et sur tous les plans
possibles, — cela ne condamne pas le théâtre

oriental, mais cela nous condamne, et avec nous cet état de choses dans lequel nous vivons, et qui est à détruire, à détruire avec application et méchanceté, sur tous les plans et à tous les degrés où il gêne le libre exercice de la pensée.

LE THÉÂTRE ALCHIMIQUE [1]

Il y a entre le principe du théâtre et celui de l'alchimie une mystérieuse identité d'essence. C'est que le théâtre comme l'alchimie est, quand on le considère dans son principe et souterrainement, attaché à un certain nombre de bases, qui sont les mêmes pour tous les arts, et qui visent dans le domaine spirituel et imaginaire à une efficacité analogue à celle qui, dans le domaine physique, permet de faire *réellement* de l'or. Mais il y a encore entre le théâtre et l'alchimie une ressemblance plus haute, et qui mène métaphysiquement beaucoup plus loin. C'est que l'alchimie comme le théâtre sont des *arts* pour ainsi dire virtuels, et qui ne portent pas plus leur fin que leur réalité en eux-mêmes.

Là où l'alchimie, par ses symboles, est comme le Double spirituel d'une opération qui n'a d'efficacité que sur le plan de la matière réelle, le théâtre aussi

doit être considéré comme le Double non pas de
cette réalité quotidienne et directe dont il s'est peu
à peu réduit à n'être que l'inerte copie, aussi vaine
qu'édulcorée, mais d'une autre réalité dangereuse et
typique, où les Principes, comme les dauphins,
quand ils ont montré leur tête s'empressent de
rentrer dans l'obscurité des eaux.

Or cette réalité n'est pas humaine mais inhumaine, et l'homme avec ses mœurs ou avec son
caractère y compte, il faut le dire, pour fort peu. Et
c'est à peine si de l'homme il pourrait encore rester
la tête, et une sorte de tête absolument dénudée,
malléable et organique, où il demeurerait juste
assez de matière formelle pour que les principes y
puissent déployer leurs conséquences d'une
manière sensible et achevée.

Il faut d'ailleurs, avant d'aller plus loin, remarquer l'affection étrange que tous les livres traitant
de la matière alchimique professent pour le terme
de théâtre, comme si leurs auteurs avaient senti dès
l'origine tout ce qu'il y a de *représentatif*, c'est-à-
dire de théâtral, dans la série complète des *symboles*
par lesquels se réalise spirituellement le Grand
Œuvre, en attendant qu'il se réalise réellement et
matériellement, et aussi dans les écarts et errements
de l'esprit mal informé, autour de ces opérations et
dans le dénombrement on pourrait dire « dialectique » de toutes les aberrations, phantasmes,

nirages et hallucinations par lesquels ne peuvent
nanquer de passer ceux qui tentent ces opérations
avec des moyens purement humains.

Tous les vrais alchimistes savent que le symbole
alchimique est un mirage comme le théâtre est un
mirage. Et cette perpétuelle allusion aux choses et
au principe du théâtre que l'on trouve dans à peu
près tous les livres alchimiques, doit être entendue
comme le sentiment (dont les alchimistes avaient la
plus extrême conscience) de l'identité qui existe
entre le plan sur lequel évoluent les personnages,
les objets, les images, et d'une manière générale
tout ce qui constitue la *réalité virtuelle* du théâtre,
et le plan purement supposé et illusoire sur lequel
évoluent les symboles de l'alchimie.

Ces symboles, qui indiquent ce que l'on pourrait
appeler des états philosophiques de la matière,
mettent déjà l'esprit sur la voie de cette purification
ardente, de cette unification et de cette émaciation
dans un sens horriblement simplifié et pur, des
molécules naturelles ; sur la voie de cette opération
qui permet, à force de dépouillement, de repenser
et de reconstituer les solides suivant cette ligne
spirituelle d'équilibre où ils sont enfin redevenus de
l'or. On ne voit pas assez combien le symbolisme
matériel qui sert à désigner ce mystérieux travail,
répond dans l'esprit à un symbolisme parallèle, à
une mise en œuvre d'idées et d'apparences par quoi

tout ce qui dans le théâtre est théâtral se désigne et peut se distinguer philosophiquement.

Je m'explique. Et peut-être d'ailleurs a-t-on déjà compris que le genre de théâtre auquel nous faisons allusion n'a rien à voir avec cette sorte de théâtre social ou d'actualité, qui change avec les époques, et où les idées qui animaient à l'origine le théâtre ne se retrouvent plus que dans des caricatures de gestes, méconnaissables à force d'avoir changé de sens. Il en est des idées du théâtre typique et primitif, comme des mots, qui, avec le temps, ont cessé de faire image, et qui, au lieu d'être un moyen d'expansion, ne sont plus qu'une impasse et un cimetière pour l'esprit

Peut-être avant d'aller plus loin nous demandera-t-on de définir ce que nous entendons par théâtre typique et primitif. Et nous entrerons par là au cœur même du problème.

Si l'on pose en effet la question des origines et de la raison d'être (ou de la nécessité primordiale) du théâtre, on trouve, d'un côté et métaphysiquement, la matérialisation ou plutôt l'extériorisation d'une sorte de drame essentiel qui contiendrait d'une manière à la fois multiple et unique les principes essentiels de tout drame, déjà *orientés* eux-mêmes et *divisés,* pas assez pour perdre leur caractère de principes, assez pour contenir de façon substantielle et active, c'est-à-dire pleine de décharges, des

perspectives infinies de conflits. Analyser philosophiquement un tel drame est impossible, et ce n'est
que poétiquement et en arrachant ce qu'ils peuvent
avoir de communicatif et de magnétique aux
principes de tous les arts, que l'on peut par formes,
par sons, musiques et volumes, évoquer, en passant
à travers toutes les similitudes naturelles des images
et des ressemblances, non pas des directions pri-
mordiales de l'esprit, que notre intellectualisme
logique et abusif réduirait à n'être que d'inutiles
schémas, mais des sortes d'états d'une acuité si
intense, d'un tranchant si absolu que l'on sent à
travers les tremblements de la musique et de la
forme les menaces souterraines d'un chaos aussi
décisif que dangereux.

Et ce drame essentiel, on le sent parfaitement,
existe, et il est à l'image de quelque chose de plus
subtil que la Création elle-même, qu'il faut bien se
représenter comme le résultat d'une Volonté une —
et *sans conflit*.

Il faut croire que le drame essentiel, celui qui
était à la base de tous les Grands Mystères, épouse
le second temps de la Création, celui de la difficulté
et du Double, celui de la matière et de l'épaississe-
ment de l'idée.

Il semble bien que là où règnent la simplicité et
l'ordre, il ne puisse y avoir de théâtre ni de drame,
et le vrai théâtre naît, comme la poésie d'ailleurs,

drama of emergence of matter fr. idea
(gnostic)

mais par d'autres voies, d'une anarchie qui s'orga-
nise, après des luttes philosophiques qui sont le
côté passionnant de ces primitives unifications.

Or ces conflits que le Cosmos en ébullition nous
offre d'une manière philosophiquement altérée et
impure, l'alchimie nous les propose dans toute leur
intellectualité rigoureuse, puisqu'elle nous permet
de réatteindre au sublime, *mais avec drame,* après
un pilonnage minutieux et exacerbé de toute forme
insuffisamment affinée, insuffisamment mûre, puisqu'il est dans le principe même de l'alchimie de ne
permettre à l'esprit de prendre son élan qu'après
être passé par toutes les canalisations, tous les
soubassements de la matière existante, et avoir
refait ce travail en double dans les limbes incandes-
cents de l'avenir. Car on dirait que pour mériter
l'or matériel, l'esprit ait dû d'abord se prouver qu'il
était capable de l'autre, et qu'il n'ait gagné celui-ci,
qu'il ne l'ait atteint, qu'en y condescendant, en le
considérant comme un symbole second de la chute
qu'il a dû faire pour retrouver d'une manière solide
et opaque, l'expression de la lumière même, de la
rareté et de l'irréductibilité.

L'opération théâtrale de faire de l'or, par l'im-
mensité des conflits qu'elle provoque, par le
nombre prodigieux de forces qu'elle jette l'une
contre l'autre et qu'elle émeut, par cet appel à une
sorte de rebrassement essentiel débordant de consé-

quences et surchargé de spiritualité, évoque finalement à l'esprit une pureté absolue et abstraite, après laquelle il n'y a plus rien, et que l'on pourrait concevoir comme une note unique, une sorte de note limite, happée au vol et qui serait comme la partie organique d'une indescriptible vibration.

Les Mystères Orphiques qui subjuguaient Platon devaient posséder sur le plan moral et psychologique un peu de cet aspect transcendant et définitif du *théâtre alchimique*, et, avec des éléments d'une extraordinaire densité psychologique, évoquer en sens inverse des symboles de l'alchimie, qui donnent le moyen spirituel de décanter et de transfuser la matière, évoquer la transfusion ardente et décisive de la matière par l'esprit.

On nous apprend que les Mystères d'Éleusis se bornaient à mettre en scène un certain nombre de vérités morales. Je crois plutôt qu'ils devaient mettre en scène des projections et des précipitations de conflits, des luttes indescriptibles de principes, prises sous cet angle vertigineux et glissant où toute vérité se perd en réalisant la fusion inextricable et unique de l'abstrait et du concret, et je pense que par des musiques d'instruments et des notes, des combinaisons de couleurs et de formes dont nous avons perdu jusqu'à l'idée, ils devaient, d'une part : combler cette nostalgie de la beauté pure dont Platon a bien dû trouver au moins une fois en ce monde la réalisation complète, sonore, ruisselante et dépouillée, et, d'autre part : résoudre par des conjonctions inimaginables et étranges pour nos cerveaux d'hommes encore éveillés, résoudre ou même annihiler tous les conflits produits par l'antagonisme de la matière et de l'esprit, de l'idée et de la forme, du concret et de l'abstrait, et fondre toutes les apparences en une expression unique qui devait être pareille à l'or spiritualisé.

SUR LE THÉÂTRE BALINAIS [1]

Le premier spectacle du Théâtre Balinais qui tient de la danse, du chant, de la pantomime, de la musique, — et excessivement peu du théâtre psychologique tel que nous l'entendons ici en Europe, remet le théâtre à son plan de création autonome et pure, sous l'angle de l'hallucination et de la peur [2].

Il est très remarquable que la première des petites pièces qui composent ce spectacle et qui nous fait assister aux remontrances d'un père à sa fille insurgée contre les traditions, débute par une entrée de fantômes, ou, si l'on veut, que les personnages, hommes et femmes, qui vont servir au développement d'un sujet dramatique mais familier, nous apparaissent d'abord dans leur état spectral de personnages, soient vus sous l'angle de l'hallucination qui est le propre de tout personnage de théâtre, avant de permettre aux situations de cette sorte de sketch symbolique, d'évoluer. Ici d'ailleurs les situations ne sont qu'un prétexte. Le drame n'évolue pas entre des sentiments, mais entre des états d'esprit, eux-mêmes ossifiés et réduits à des gestes, — des schémas. En somme les Balinais réalisent, avec la plus extrême rigueur, l'idée du théâtre pur, où tout, conception comme réalisation, ne vaut, n'a d'existence que par son degré d'objectivation *sur la scène*. Ils démontrent victorieusement la prépondérance absolue du metteur en scène dont le pouvoir de création *élimine les mots*. Les thèmes sont vagues, abstraits, extrêmement généraux. Seul, leur donne vie, le foisonnement compliqué de tous les artifices scéniques qui imposent à notre esprit comme l'idée d'une métaphysique tirée d'une utilisation nouvelle du geste et de la voix.

Ce qu'il y a en effet de curieux dans tous ces gestes, dans ces attitudes anguleuses et brutalement coupées, dans ces modulations syncopées de l'arrière-gorge, dans ces phrases musicales qui tournent court, dans ces vols d'élytres, ces bruissements de branches, ces sons de caisses creuses, ces grincements d'automates, ces danses de mannequins animés, c'est : qu'à travers leur dédale de gestes, d'attitudes, de cris jetés dans l'air, à travers des évolutions et des courbes qui ne laissent aucune portion de l'espace scénique inutilisée, se dégage le sens d'un nouveau langage physique à base de signes et non plus de mots. Ces acteurs avec leurs

robes géométriques semblent des hiéroglyphes animés. Et il n'est pas jusqu'à la forme de leurs robes
qui, déplaçant l'axe de la taille humaine, ne crée à
côté des vêtements de ces guerriers en état de
transe et de guerre perpétuelle, des sortes de
vêtements symboliques, des vêtements seconds, qui
n'inspirent, ces robes, une idée intellectuelle, et ne
se relient par tous les entrecroisements de leurs
lignes à tous les entrecroisements des perspectives
de l'air. Ces signes spirituels ont un sens précis, qui
ne nous frappe plus qu'intuitivement, mais avec
assez de violence pour rendre inutile toute traduction dans un langage logique et discursif. Et pour
des amateurs de réalisme à tout prix, qui se
fatigueraient de ces allusions perpétuelles à des
attitudes secrètes et détournées de la pensée, il reste
le jeu éminemment réaliste du Double qui s'effare
des apparitions de l'Au-delà. Ces tremblements, ces
glapissements puérils, ce talon qui heurte le sol en
cadence suivant l'automatisme même de l'inconscient déchaîné, ce Double qui, à un moment donné,
se cache derrière sa propre réalité, voilà une
description de la peur qui vaut pour toutes les
latitudes et qui montre qu'aussi bien dans l'humain
que dans le surhumain les Orientaux peuvent nous
rendre des points en matière de réalité.

Les Balinais, qui ont des gestes et une variété de
mimiques pour toutes les circonstances de la vie,

redonnent à la convention théâtrale son prix supérieur, ils nous démontrent l'efficacité et la valeur supérieurement agissante d'un certain nombre de conventions bien apprises et surtout magistralement appliquées. Une des raisons de notre plaisir devant ce spectacle sans bavures, réside justement dans l'utilisation par ces acteurs d'une quantité précise de gestes sûrs, de mimiques éprouvées venant à point nommé, mais surtout dans l'enrobement spirituel, dans l'étude profonde et nuancée qui a présidé à l'élaboration de ces jeux d'expressions, de ces signes efficaces et dont on a l'impression que depuis des millénaires l'efficacité ne s'est pas épuisée. Ces roulements mécaniques d'yeux, ces moues des lèvres, ce dosage des crispations musculaires, aux effets méthodiquement calculés et qui enlèvent tout recours à l'improvisation spontanée, ces têtes mues d'un mouvement horizontal et qui semblent rouler d'une épaule à l'autre comme si elles s'encastraient dans des glissières, tout cela, qui répond à des nécessités psychologiques immédiates, répond en outre à une sorte d'architecture spirituelle, faite de gestes et de mimiques, mais aussi du pouvoir évocateur d'un rythme, de la qualité musicale d'un mouvement physique, de l'accord parallèle et admirablement fondu d'un ton. Que cela choque notre sens européen de la liberté scénique et de l'inspiration spontanée, c'est pos-

sible, mais que l'on ne dise pas que cette mathématique est créatrice de sécheresse, ni d'uniformité.
La merveille est qu'une sensation de richesse, de
fantaisie, de généreuse prodigalité se dégage de ce
spectacle réglé avec une minutie et une conscience
affolantes. Et les correspondances les plus impé-
rieuses fusent perpétuellement de la vue à l'ouïe, de
l'intellect à la sensibilité, du geste d'un personnage
a l'évocation des mouvements d'une plante à
travers le cri d'un instrument. Les soupirs d'un
instrument à vent prolongent des vibrations de
cordes vocales, avec un sens de l'identité tel qu'on
ne sait si c'est la voix elle-même qui se prolonge ou
le sens qui depuis les origines a absorbé la voix. Un
jeu de jointures, l'angle musical que le bras fait
avec l'avant-bras, un pied qui tombe, un genou qui
s'arque, des doigts qui paraissent se détacher de la
main, tout cela est pour nous comme un perpétuel
jeu de miroir où les membres humains semblent se
renvoyer des échos, des musiques, où les notes de
l'orchestre, où les souffles des instruments à vent
évoquent l'idée d'une intense volière dont les
acteurs eux-mêmes seraient le papillotement. Notre
théâtre qui n'a jamais eu l'idée de cette métaphysique de gestes, qui n'a jamais su faire servir la
musique à des fins dramatiques aussi immédiates,
aussi concrètes, notre théâtre purement verbal et
qui ignore tout ce qui fait le théâtre, c'est-à-dire ce

qui est dans l'air du plateau, qui se mesure et se cerne d'air, qui a une densité dans l'espace : mouvements, formes, couleurs, vibrations, attitudes, cris, pourrait, eu égard à ce qui ne se mesure pas et qui tient au pouvoir de suggestion de l'esprit, demander au Théâtre Balinais une leçon de spiritualité. Ce théâtre purement populaire, et non sacré, nous donne une idée extraordinaire du niveau intellectuel d'un peuple, qui prend pour fondement de ses réjouissances civiques les luttes d'une âme en proie aux larves et aux fantômes de l'au-delà. Car c'est bien en somme d'un combat purement intérieur qu'il s'agit dans la dernière partie du spectacle. Et l'on peut en passant remarquer le degré de somptuosité théâtrale que les Balinais ont été capables de lui donner. Le sens des nécessités plastiques de la scène qui y apparaît n'a d'égal que leur connaissance de la peur physique et des moyens de la déchaîner. Et il y a dans l'aspect vraiment terrifiant de leur diable (probablement thibétain) une similitude frappante avec l'aspect de certain fantoche de notre souvenance, aux mains gonflées de gélatine blanche, aux ongles de feuillage vert et qui était le plus bel ornement de l'une des premières pièces jouées par le Théâtre Alfred Jarry [3].

⋆*⋆

C'est quelque chose qu'on ne peut aborder de front que ce spectacle qui nous assaille d'une surabondance d'impressions toutes plus riches les unes que les autres, mais en un langage dont il semble que nous n'ayons plus la clef; et cette sorte d'irritation créée par l'impossibilité de retrouver le fil, de prendre la bête, — d'approcher de son oreille l'instrument pour mieux entendre, est, à l'actif de ce spectacle, un charme de plus. Et par langage je n'entends pas l'idiome au premier abord insaisissable, mais justement cette sorte de langage théâtral extérieur à toute *langue parlée*, et où il semble que se retrouve une immense expérience scénique, à côté de laquelle nos réalisations, exclusivement dialoguées, font figure de balbutiements.

Ce qu'il y a en effet de plus frappant dans ce spectacle, — si bien fait pour dérouter nos conceptions occidentales du théâtre, que beaucoup lui dénieront toute qualité théâtrale alors qu'il est la plus belle manifestation de théâtre pur qu'il nous ait été donné de voir ici, — ce qu'il y a de frappant et de déconcertant, pour nous, Européens, est l'intellectualité admirable que l'on sent crépiter partout dans la trame serrée et subtile des gestes, dans les modulations infiniment variées de la voix, dans cette pluie sonore, comme d'une immense forêt qui s'égoutte et s'ébroue, et dans l'entrelacs lui aussi sonore des mouvements. D'un geste à un cri ou à un son, il n'y a pas de passage : tout correspond comme à travers de bizarres canaux creusés à même l'esprit !

Il y a là tout un amas de gestes rituels dont nous n'avons pas la clef, et qui semblent obéir à des déterminations musicales extrêmement précises, avec quelque chose de plus qui n'appartient pas en général à la musique et qui paraît destiné à envelopper la pensée, à la pourchasser, à la conduire dans un réseau inextricable et certain. Tout en effet dans ce théâtre est calculé avec une adorable et mathématique minutie. Rien n'y est laissé au hasard ou à l'initiative personnelle. C'est une sorte de danse supérieure, où les danseurs seraient avant tout acteurs.

On les voit à tout bout de champ opérer une sorte de rétablissement à pas comptés. Alors qu'on les croit perdus au milieu d'un labyrinthe inextricable de mesures, qu'on les sent près de verser dans la confusion, ils ont une manière à eux de rétablir l'équilibre, un arc-boutement spécial du corps, des jambes torses, qui donne assez l'impression d'un chiffon trop imprégné et que l'on va tordre en mesure; — et sur trois pas finaux, qui les amènent toujours inéluctablement vers le milieu de la scène, voici que le rythme suspendu s'achève, que la mesure s'éclaircit.

Tout chez eux est ainsi réglé, impersonnel; pas un jeu de muscle, pas un roulement d'œil qui ne semble appartenir à une sorte de mathématique réfléchie qui mène tout et par laquelle tout passe. Et l'étrange est que dans cette dépersonnalisation systématique, dans ces jeux de physionomie purement musculaires, appliqués sur les visages comme des masques, tout porte, tout rend l'effet maximum.

Une espèce de terreur nous prend à considérer ces êtres mécanisés, à qui ni leurs joies ni leurs douleurs ne semblent appartenir en propre, mais obéir à des rites éprouvés et comme dictés par des intelligences supérieures. C'est bien en fin de compte cette impression de Vie Supérieure et dictée, qui est ce qui nous frappe le plus dans ce spectacle pareil à un rite qu'on profanerait. D'un rite sacré il a la solennité; — l'hiératisme des costumes donne à chaque acteur comme un double corps, de doubles membres, — et dans son costume l'artiste engoncé semble n'être plus à lui-même que sa propre effigie. Il y a en outre le rythme large, concassé de la musique, — une musique extrêmement appuyée, ânonnante et fragile, où l'on semble broyer les métaux les plus précieux, où se déchaînent comme à l'état naturel des sources d'eau, des marches agrandies de kyrielles d'insectes à travers les plantes, où l'on croit voir capté le bruit même de la lumière, où les bruits des solitudes épaisses semblent se réduire en vols de cristaux, etc., etc.

D'ailleurs tous ces bruits sont liés à des mouvements, ils sont comme l'achèvement naturel de gestes qui ont la même qualité qu'eux; et cela avec un tel sens de l'analogie musicale, que l'esprit finalement se trouve contraint de confondre, qu'il attribue à la gesticulation articulée des artistes les propriétés sonores de l'orchestre, — et inversement.

Une impression d'inhumanité, de divin, de révélation miraculeuse se dégage encore de l'exquise beauté des coiffures des femmes : de cette série de cercles lumineux étagés, faits de combinaisons de plumes ou de perles multicolores et d'un coloris si beau que leur réunion a l'air justement *révélée,* et dont les arêtes tremblent rythmiquement, répondent *avec esprit,* semble-t-il, aux tremblements du corps. — Il y a aussi les autres coiffures à l'aspect sacerdotal, en formes de tiares, et surmontées d'aigrettes de fleurs raides, dont les couleurs s'opposent deux par deux et se marient étrangement.

Cet ensemble lancinant plein de fusées, de fuites, de canaux, de détours dans tous les sens de la perception externe et interne, compose du théâtre une idée souveraine, et telle qu'elle nous paraît conservée à travers les siècles pour nous apprendre ce que le théâtre n'aurait jamais dû cesser d'être. Et cette impression se double du fait que ce spectacle — populaire là-bas, paraît-il, et profane — est comme le pain élémentaire des sensations artistiques de ces gens-là.

La prodigieuse mathématique de ce spectacle mise à part, ce qui semble fait pour nous surprendre et pour nous étonner le plus, est ce *côté révélateur de la matière* qui semble tout à coup s'éparpiller en signes pour nous apprendre l'identité métaphysique du concret et de l'abstrait et nous l'apprendre *en des gestes faits pour durer*. Car le côté réaliste nous le retrouvons chez nous, mais porté ici à la $n^{ième}$ puissance, et définitivement stylisé.

. . . .

Dans ce théâtre toute création vient de la scène, trouve sa traduction et ses origines même dans une impulsion psychique secrète qui est la Parole d'avant les mots.

. . . .

C'est un théâtre qui élimine l'auteur au profit de ce que dans notre jargon occidental du théâtre, nous appellerions le metteur en scène; mais celui-ci devient une sorte d'ordonnateur magique, un maître de cérémonies sacrées [4]. Et la matière sur

laquelle il travaille, les thèmes qu'il fait palpiter ne
sont pas de lui mais des dieux. Ils viennent,
semble-t-il, des jonctions primitives de la Nature
qu'un Esprit double a favorisées.

Ce qu'il remue c'est le MANIFESTÉ.

C'est une sorte de Physique première, d'où
l'Esprit ne s'est jamais détaché.

. . . .

Il y a dans un spectacle comme celui du Théâtre
Balinais quelque chose qui supprime l'amusement,
ce côté de jeu artificiel inutile, de jeu d'un soir qui
est la caractéristique de notre théâtre à nous. Ses
réalisations sont taillées en pleine matière, en pleine
vie, en pleine réalité. Il y a en elles quelque chose
du cérémonial d'un rite religieux, en ce sens
qu'elles extirpent de l'esprit de qui les regarde
toute idée de simulation, d'imitation dérisoire de la
réalité. Cette gesticulation touffue à laquelle nous
assistons, a un but, un but immédiat auquel elle
tend par des moyens efficaces et dont nous sommes
à même d'éprouver immédiatement l'efficacité. Les
pensées auxquelles elle vise, les états d'esprit
qu'elle cherche à créer, les solutions mystiques
qu'elle propose sont émus, soulevés, atteints sans
retard ni ambages. Tout cela semble un exorcisme
pour faire AFFLUER nos démons.

. . . .

Il y a un bourdonnement grave des choses de

l'instinct dans ce théâtre, mais amenées à ce point de transparence, d'intelligence, de ductilité où elles semblent nous rendre d'une manière physique quelques-unes des perceptions les plus secrètes de l'esprit.

Les thèmes proposés partent on pourrait dire de la scène. Ils sont tels, ils en sont à ce point de matérialisation objective, qu'on ne peut les imaginer, si loin que l'on creuse, hors de cette perspective dense, de ce globe fermé et limité du plateau.

Ce spectacle nous donne un merveilleux composé d'images scéniques pures, pour la compréhension desquelles tout un nouveau langage semble avoir été inventé : les acteurs avec leurs costumes composent de véritables hiéroglyphes qui vivent et se meuvent. Et ces hiéroglyphes à trois dimensions sont à leur tour surbrodés d'un certain nombre de gestes, de signes mystérieux qui correspondent à l'on ne sait quelle réalité fabuleuse et obscure que nous autres, gens d'Occident, avons définitivement refoulée.

Il y a quelque chose qui participe de l'esprit d'une opération magique dans cette intense libération de signes, retenus d'abord et jetés ensuite soudainement dans l'air.

Un bouillonnement chaotique, plein de repères, et par moments étrangement ordonné, crépite dans cette effervescence de rythmes peints, où le point d'orgue joue sans cesse et intervient comme un silence bien calculé.

Cette idée de théâtre pur qui est chez nous uniquement théorique, et à qui personne n'a jamais tenté de donner la moindre réalité, le Théâtre Balinais nous en propose une réalisation stupéfiante en ce sens qu'elle supprime toute possibilité de recours aux mots pour l'élucidation des thèmes des plus abstraits; — et qu'elle invente un langage de gestes faits pour évoluer dans l'espace et qui ne peuvent avoir de sens en dehors de lui.

L'espace de la scène est utilisé dans toutes ses dimensions et on pourrait dire sur tous les plans possibles. Car à côté d'un sens aigu de la beauté plastique ces gestes ont toujours pour but final l'élucidation d'un état ou d'un problème de l'esprit.

C'est du moins ainsi qu'ils nous apparaissent.

Aucun point de l'espace et en même temps aucune suggestion possible n'est perdue. Et il y a un sens comme philosophique du pouvoir que détient la nature de se précipiter tout à coup en chaos.

. . . .

On sent dans le Théâtre Balinais un état d'avant le langage et qui peut choisir son langage : musique, gestes, mouvements, mots.

. . . .

Il est certain que ce côté de théâtre pur, cette

physique du geste absolu qui est idée lui-même et
qui réduit les conceptions de l'esprit à passer, pour
être perçues, par les dédales et l'entrelacs fibreux
de la matière, tout cela nous donne comme une idée
nouvelle de ce qui appartient en propre au domaine
des formes et de la matière manifestée. Ceux qui
parviennent à donner un sens mystique à la simple
forme d'une robe, qui, non contents de mettre à
côté de l'homme son Double, attribuent à chaque
homme habillé son double de vêtements, — ceux
qui percent ces vêtements illusoires, ces vêtements
numéro deux, d'un sabre qui leur donne des allures
de grands papillons piqués en l'air, ces gens-là
beaucoup plus que nous ont le sens inné du
symbolisme absolu et magique de la nature, et nous
donnent une leçon dont il est trop sûr que nos
techniciens de théâtre seront impuissants à tirer
parti.

. . . .

Cet espace d'air intellectuel, ce jeu psychique, ce
silence pétri de pensées qui existe entre les
membres d'une phrase écrite, ici, est tracé dans l'air
scénique, entre les membres, l'air et les perspectives d'un certain nombre de cris, de couleurs et de
mouvements.

. . . .

Dans les réalisations du Théâtre Balinais l'esprit
a bien le sentiment que la conception s'est d'abord

heurtée à des gestes, a pris pied au milieu de toute une fermentation d'images visuelles ou sonores, pensées comme à l'état pur. En bref et pour être plus clair, quelque chose d'assez semblable à l'état musical a dû exister pour cette mise en scène où tout ce qui est conception de l'esprit n'est qu'un prétexte, une virtualité dont le double a produit cette intense poésie scénique, ce langage spatial et coloré.

. . . .

Ce jeu perpétuel de miroir qui va d'une couleur à un geste et d'un cri à un mouvement, nous conduit sans cesse sur des chemins abrupts et durs pour l'esprit, nous plonge dans cet état d'incertitude et d'angoisse ineffable qui est le propre de la poésie.

De ces étranges jeux de mains volantes comme des insectes dans le soir vert, se dégage une sorte d'horrible obsession, d'inépuisable ratiocination mentale, comme d'un esprit occupé sans cesse à faire le point dans le dédale de son inconscient.

Ce sont d'ailleurs beaucoup moins des choses du sentiment que des choses de l'intelligence que ce théâtre nous rend palpables et cerne avec des signes concrets.

Et c'est par des chemins intellectuels qu'il nous introduit dans la reconquête des signes de ce qui est.

A ce point de vue le geste du danseur central qui se touche toujours le même point de la tête comme s'il voulait repérer la place et la vie d'on ne sait quel œil central, quel œuf intellectuel, est hautement significatif.

. . . .

Ce qui est une allusion colorée à des impressions physiques de la nature est repris sur le plan des sons, et le son n'est lui-même que la représentation nostalgique d'autre chose, d'une sorte d'état magique où les sensations sont devenues telles et si subtiles qu'elles sont bonnes à visiter par l'esprit. Et même les harmonies imitatives, le bruit du serpent à sonnettes, l'éclatement des carapaces d'insectes l'une contre l'autre, évoquent la clairière d'un fourmillant paysage tout prêt à se précipiter en chaos. — Et ces artistes vêtus de vêtements éclatants et dont les corps par-dessous semblent enveloppés de langes! Il y a quelque chose d'ombilical, de larvaire dans leurs évolutions. Et il faut noter en même temps l'aspect hiéroglyphique de leurs costumes, dont les lignes horizontales dépassent en tous sens le corps. Ils sont comme de grands insectes pleins de lignes et de segments faits pour les relier à l'on ne sait quelle perspective de la nature dont ils n'apparaissent plus qu'une géométrie détachée.

Ces costumes qui cernent leurs roulements abs-

traits quand ils marchent, et leurs étranges entrecroisements de pieds !

Chacun de leurs mouvements trace une ligne
dans l'espace, achève on ne sait quelle figure
rigoureuse, à l'hermétisme très calculé et dans
celle-ci un geste imprévu de la main met un point.

Et ces robes aux courbes plus hautes que la fesse
et qui les tiennent comme suspendus en l'air,
comme piqués sur les fonds du théâtre, et prolongent chacun de leurs sauts comme un vol.

Ces cris d'entrailles, ces yeux roulants, cette
abstraction continue, ces bruits de branches, ces
bruits de coupes et de roulements de bois, tout cela
dans l'espace immense des sons répandus et que
plusieurs sources dégorgent, tout cela concourt à
faire se lever dans notre esprit, à cristalliser comme
une conception nouvelle, et, j'oserai dire, concrète,
de l'abstrait.

Et il faut noter que cette abstraction qui part
d'un merveilleux édifice scénique pour retourner
dans la pensée, quand elle rencontre au vol des
impressions du monde de la nature les prend
toujours à ce point où elles entament leur rassemblement moléculaire ; c'est-à-dire qu'un geste à
peine nous sépare encore du chaos.

. . . .

La dernière partie du spectacle est, en face de
tout ce qui se triture de sale, de brutal, d'infamant,

sur nos scènes européennes, d'un anachronisme adorable. Et je ne sais quel est le théâtre qui oserait clouer ainsi et *comme au naturel* les affres d'une âme en proie aux phantasmes de l'Au-delà.

. . . .

Ils dansent et ces métaphysiciens du désordre naturel qui nous restituent chaque atome du son, chaque perception fragmentaire comme prête à retourner à son principe, ont su créer entre le mouvement et le bruit des jointures si parfaites que ces bruits de bois creux, de caisses sonores, d'instruments vides, il semble que ce soient des danseurs aux coudes vides qui les exécutent avec leurs membres de bois creux.

Nous sommes ici et soudainement en pleine lutte métaphysique et le côté durcifié du corps en transe, raidi par le reflux des forces cosmiques qui l'assiègent, est admirablement traduit par cette danse frénétique, et en même temps pleine de raideurs et d'angles où l'on sent tout à coup que commence la chute à pic de l'esprit.

On dirait des vagues de matière recourbant avec précipitation leurs crêtes l'une sur l'autre, et accourant de tous les côtés de l'horizon pour s'insérer dans une portion infime de frémissement, de transe, — et recouvrir le vide de la peur.

. . . .

Il y a un absolu dans ces perspectives construites,

une manière de vrai absolu physique que seuls des Orientaux peuvent être capables de rêver, — c'est en cela, c'est dans la hauteur et l'audace réfléchie de leurs buts, que ces conceptions s'opposent à nos conceptions européennes du théâtre, beaucoup plus encore que par la perfection étrange de leurs réalisations.

Les tenants de la répartition et du cloisonnement des genres peuvent affecter de ne voir que des danseurs dans les magnifiques artistes du Théâtre Balinais, danseurs chargés de figurer on ne sait trop quels hauts Mythes dont la hauteur rend le niveau de notre théâtre occidental moderne d'une grossièreté et d'une puérilité sans nom. La vérité est que le Théâtre Balinais nous propose et nous apporte tout montés des thèmes de théâtre pur auxquels la réalisation scénique confère un équilibre dense, une gravitation entièrement matérialisée.

. . . .

Tout cela baigne dans une intoxication profonde qui nous restitue les éléments mêmes de l'extase, et dans l'extase nous retrouvons le bouillonnement sec et le froissement minéral des plantes, des vestiges, des ruines d'arbres éclairés sur leurs frontons.

Toute la bestialité, l'animalité sont réduites à leur geste sec : bruits de grève de la terre qui se fend, gelée des arbres, bâillements d'animaux.

Les pieds des danseurs, dans le geste d'écarter

leurs robes, dissolvent et retournent des pensées, des sensations à l'état pur.

Et toujours cette confrontation de la tête, cet œil de Cyclope, l'œil intérieur de l'esprit que la main droite va chercher.

Mimique de gestes spirituels qui scandent, élaguent, fixent, écartent et subdivisent des sentiments, des états de l'âme, des idées métaphysiques.

Ce théâtre de quintessence où les choses font d'étranges volte-face avant de rentrer dans l'abstraction.

. . . .

Leurs gestes tombent si à point sur ce rythme de bois, de caisses creuses, le scandent et le saisissent au vol avec une telle sûreté, et, semble-t-il, sur de telles arêtes, qu'il semble que ce soit le vide même de leurs membres creux que cette musique va scander.

. . . .

L'œil stratifié, lunaire aussi des femmes.

Cet œil de rêve qui semble nous absorber et devant qui nous-même nous apparaissons *fantôme*.

. . . .

Satisfaction intégrale de ces gestes de danse, de ces pieds tournants qui mélangent des états d'âme, de ces petites mains volantes, de ces tapotements secs et précis.

. . . .

Nous assistons à une alchimie mentale qui d'un état d'esprit fait un geste, et le geste sec, dépouillé, linéaire que tous nos actes pourraient avoir s'ils tendaient vers l'absolu.

. . . .

Il arrive que ce maniérisme, cet hiératisme excessif, avec son alphabet roulant, avec ses cris de pierres qui se fendent, avec ses bruits de branches, ses bruits de coupes et de roulements de bois, compose dans l'air, dans l'espace, aussi bien visuel que sonore, une sorte de susurrement matériel et animé. Et au bout d'un instant l'identification magique est faite : NOUS SAVONS QUE C'EST NOUS QUI PARLIONS.

Qui, après la formidable bataille d'Adeorjana avec le Dragon, osera dire que tout le théâtre n'est pas sur la scène, c'est-à-dire hors des situations et des mots.

Les situations dramatiques et psychologiques ici ont passé dans la mimique même du combat, qui est fonction du jeu athlétique et mystique des corps, — et de l'utilisation, j'oserai dire ondulatoire, de la scène, dont l'énorme spirale se découvre plan par plan.

Les guerriers entrent dans la forêt mentale avec des roulements de peur; un immense tressaillement une volumineuse rotation comme magnétique s'empare d'eux, où l'on sent que se précipitent des météores animaux ou minéraux.

C'est plus qu'une tempête physique, c'est un concassement d'esprit que le tremblement épars de leurs membres et de leurs yeux roulants signifie. La fréquence sonore de leur tête hérissée est par moments atroce; — et cette musique derrière eux qui se balance et en même temps alimente on ne sait trop quel espace où des cailloux physiques finissent de rouler.

Et derrière le Guerrier, hérissé par la formidable tempête cosmique, voici le Double qui se rengorge, livré à la puérilité de ses sarcasmes d'écolier, et qui soulevé par le contre-coup de la bruissante tourmente passe inconscient au milieu des charmes auxquels il n'a rien compris.

THÉÂTRE ORIENTAL
ET THÉÂTRE OCCIDENTAL [1]

La révélation du Théâtre Balinais a été de nous fournir du théâtre une idée physique et non verbale, où le théâtre est contenu dans les limites de tout ce qui peut se passer sur une scène, indépendamment du texte écrit, au lieu que le théâtre tel que nous le concevons en Occident a partie liée avec le texte et se trouve limité par lui. Pour nous, au théâtre la Parole est tout et il n'y a pas de possibilité en dehors d'elle; le théâtre est une branche de la littérature, une sorte de variété sonore du langage, et si nous admettons une différence entre le texte parlé sur la scène et le texte lu par les yeux, si nous enfermons le théâtre dans les limites de ce qui apparaît entre les répliques, nous ne parvenons pas à séparer le théâtre de l'idée du texte réalisé.

Cette idée de la suprématie de la parole au théâtre est si enracinée en nous et le théâtre nous apparaît tellement comme le simple reflet matériel du texte que tout ce qui au théâtre dépasse le texte n'est pas contenu dans ses limites et strictemen¹ conditionné par lui, nous paraît faire partie du domaine de la mise en scène considérée comme quelque chose d'inférieur par rapport au texte.

Étant donné cet assujettissement du théâtre à la parole on peut se demander si le théâtre ne posséderait pas par hasard son langage propre, s'il serait absolument chimérique de le considérer comme un art indépendant et autonome, au même titre que la musique, la peinture, la danse, etc., etc.

On trouve en tout cas que ce langage s'il existe se confond nécessairement avec la mise en scène considérée :

⁰ D'une part, comme la matérialisation visuelle et plastique de la parole.

2⁰ Comme le langage de tout ce qui peut se dire et se signifier sur une scène indépendamment de la parole, de tout ce qui trouve son expression dans l'espace, ou qui peut être atteint ou désagrégé par lui.

Ce langage de la mise en scène considéré comme le langage théâtral pur, il s'agit de savoir s'il est capable d'atteindre le même objet intérieur que la parole, si du point de vue de l'esprit et théâtralement il peut prétendre à la même efficacité intellectuelle que le langage articulé. On peut en d'autres termes se demander s'il peut non pas préciser des pensées, mais *faire penser,* s'il peut entraîner l'esprit à prendre des attitudes profondes et efficaces de son point de vue à lui.

En un mot poser la question de l'efficacité intellectuelle de l'expression par les formes objectives, de l'efficacité intellectuelle d'un langage qui n'utiliserait que les formes, ou le bruit, ou le geste, c'est poser la question de l'efficacité intellectuelle de l'art.

Si nous en sommes venus à n'attribuer à l'art qu'une valeur d'agrément et de repos et à le faire tenir dans une utilisation purement formelle des formes, dans l'harmonie de certains rapports extérieurs, cela n'entache en rien sa valeur expressive profonde ; mais l'infirmité spirituelle de l'Occident, qui est le lieu par excellence où l'on a pu confondre l'art avec l'esthétisme, est de penser qu'il pourrait y avoir une peinture qui ne servirait qu'à peindre, une danse qui ne serait que plastique, comme si l'on avait voulu couper les formes de l'art, trancher leurs liens d'avec toutes les attitudes mystiques qu'elles peuvent prendre en se confrontant avec l'absolu.

On comprend donc que le théâtre, dans la mesure même où il demeure enfermé dans son langage, où il reste en corrélation avec lui, doit rompre avec l'actualité, que son objet n'est pas de résoudre des conflits sociaux ou psychologiques, de servir de champ de bataille à des passions morales, mais d'exprimer objectivement des vérités secrètes, de faire venir au jour par des gestes actifs cette part de vérité enfouie sous les formes dans leurs rencontres avec le Devenir.

Faire cela, lier le théâtre aux possibilités de l'expression par les formes, et par tout ce qui est gestes, bruits, couleurs, plastiques, etc., c'est le rendre à sa destination primitive, c'est le replacer dans son aspect religieux et métaphysique, c'est le réconcilier avec l'univers.

Mais les mots, dira-t-on, ont des facultés métaphysiques, il n'est pas interdit de concevoir la parole comme le geste sur le plan universel, et c'est sur ce plan d'ailleurs qu'elle acquiert son efficacité majeure, comme une force de dissociation des apparences matérielles, de tous les états dans lesquels s'est stabilisé et aurait tendance à se reposer l'esprit. Il est facile de répondre que cette façon métaphysique de considérer la parole n'est pas celle dans laquelle l'emploie le théâtre occidental, qu'il l'emploie non comme une force active et qui part de la destruction des apparences pour remonter jusqu'à l'esprit, mais au contraire comme un degré achevé de la pensée qui se perd en s'extériorisant.

La parole dans le théâtre occidental ne sert jamais qu'à exprimer des conflits psychologiques particuliers à l'homme et à sa situation dans l'actualité quotidienne de la vie. Ses conflits sont nettement justiciables de la parole articulée, et qu'ils restent dans le domaine psychologique ou qu'ils en sortent pour rentrer dans le domaine social, le drame demeurera toujours d'intérêt moral par la façon dont ses conflits attaqueront et désagrégeront les caractères. Et il s'agira toujours bien d'un domaine où les résolutions verbales de la parole conserveront leur meilleure part. Mais ces conflits moraux par leur nature même n'ont pas absolument besoin de la scène pour se résoudre. Faire dominer à la scène le langage articulé ou l'expression par les mots sur l'expression objective des gestes et de tout ce qui atteint l'esprit par le moyen des sens dans l'espace, c'est tourner le dos aux nécessités physiques de la scène et s'insurger contre ses possibilités.

Le domaine du théâtre n'est pas psychologique mais plastique et physique, il faut le dire. Et il ne s'agit pas de savoir si le langage physique du théâtre est capable d'arriver aux mêmes résolutions psychologiques que le langage des mots, s'il peut exprimer des sentiments et des passions aussi bien que les mots, mais s'il n'y a pas dans le domaine de la pensée et de l'intelligence des attitudes que les mots sont incapables de prendre et que les gestes et tout ce qui participe du langage dans l'espace atteignent avec plus de précision qu'eux.

Avant de donner un exemple des relations du monde physique avec des états profonds de la pensée, on nous permettra de nous citer nous-même :

« Tout vrai sentiment est en réalité intraduisible. L'exprimer c'est le trahir. Mais le traduire c'est le *dissimuler*. L'expression vraie cache ce qu'elle manifeste. Elle oppose l'esprit au vide réel de la nature, en créant par réaction une sorte de plein dans la pensée. Ou, si l'on préfère, par rapport à la manifestation-illusion de la nature elle crée un vide dans la pensée. Tout sentiment puissant provoque en nous l'idée du vide. Et le langage clair qui empêche ce vide, empêche aussi la poésie d'apparaître dans la pensée. C'est pourquoi une image, une allégorie, une figure qui masque ce qu'elle voudrait révéler ont plus de signification pour l'esprit que les clartés apportées par les analyses de la parole.

« C'est ainsi que la vraie beauté ne nous frappe jamais directement. Et qu'un soleil couchant est beau à cause de tout ce qu'il nous fait perdre [2]. »

Les cauchemars de la peinture flamande nous frappent par la juxtaposition à côté du monde vrai de ce qui n'est plus qu'une caricature de ce monde; ils offrent des larves qu'on aurait pu rêver. Ils prennent leur source dans ces états semi-rêvés qui provoquent les gestes manqués et les dérisoires lapsus de la langue. Et à côté d'un enfant oublié ils dressent une harpe qui saute ; à côté d'un embryon humain nageant dans des cascades souterraines ils montrent sous une forteresse redoutable l'avance d'une véritable armée. A côté de l'incertitude rêvée la marche de la certitude, et par delà une lumière jaune de cave l'éclair orangé d'un grand soleil d'automne sur le point de se retirer.

Il ne s'agit pas de supprimer la parole au théâtre mais de lui faire changer sa destination, et surtout de réduire sa place, de la considérer comme autre chose qu'un moyen de conduire des caractères humains à leurs fins extérieures, puisqu'il ne s'agit jamais au théâtre que de la façon dont les sentiments et les passions s'opposent les uns aux autres et d'homme à homme dans la vie.

Or changer la destination de la parole au théâtre c'est s'en servir dans un sens concret et spatial, et pour autant qu'elle se combine avec tout ce que le théâtre contient de spatial et de signification dans le domaine concret ; c'est la manipuler comme un objet solide et qui ébranle des choses, dans l'air d'abord, ensuite dans un domaine infiniment plus mystérieux et plus secret mais qui lui-même admet l'étendue, et ce domaine secret mais étendu il ne sera pas très difficile de l'identifier avec celui de l'anarchie formelle d'une part mais aussi de la création formelle continue d'autre part.

C'est ainsi que cette identification de l'objet du théâtre avec toutes les possibilités de la manifestation formelle et étendue, fait apparaître l'idée d'une certaine poésie dans l'espace qui se confond elle-même avec la sorcellerie.

Dans le théâtre oriental à tendances métaphysiques opposé au théâtre occidental à tendances psychologiques, il y a une prise de possession par les formes de leur sens et de leurs significations sur tous les plans possibles; ou si l'on veut leurs conséquences vibratoires ne sont pas tirées sur un seul plan mais sur tous les plans de l'esprit en même temps.

Et c'est par cette multiplicité d'aspects sous lesquels on peut les considérer qu'elles prennent leur puissance d'ébranlement et de charmes et qu'elles sont une excitation continue pour l'esprit. C'est parce que le théâtre oriental ne prend pas les aspects extérieurs des choses sur un seul plan, qu'il ne s'en tient pas au simple obstacle et à la rencontre solide de ces aspects avec les sens, mais qu'il ne cesse de considérer le degré de possibilité mentale dont ils sont issus qu'il participe à la poésie intense de la nature et qu'il conserve ses relations magiques avec tous les degrés objectifs du magnétisme universel.

C'est sous cet angle d'utilisation magique et de sorcellerie qu'il faut considérer la mise en scène, non comme le reflet d'un texte écrit et de toute cette projection de doubles physiques qui se dégage de l'écrit mais comme la projection brûlante de tout ce qui peut être tiré de conséquences objectives d'un geste, d'un mot, d'un son, d'une musique et de leurs combinaisons entre eux. Cette projection active ne peut se faire que sur la scène et ses conséquences trouvées devant la scène et sur la scène; et l'auteur qui use exclusivement de mots écrits n'a que faire et doit céder la place à des spécialistes de cette sorcellerie objective et animée.

EN FINIR AVEC LES CHEFS-D'ŒUVRE [1]

Une des raisons de l'atmosphère asphyxiante, dans laquelle nous vivons sans échappée possible et sans recours, — et à laquelle nous avons tous notre part, même les plus révolutionnaires d'entre nous, — est dans ce respect de ce qui est écrit, formulé ou peint, et qui a pris forme, comme si toute expression n'était pas enfin à bout, et n'était pas arrivée au point où il faut que les choses crèvent pour repartir et recommencer.

On doit en finir avec cette idée des chefs-d'œuvre réservés à une soi-disant élite, et que la foule ne comprend pas; et se dire qu'il n'y a pas dans l'esprit de quartier réservé comme il y en a pour les rapprochements sexuels clandestins.

Les chefs-d'œuvre du passé sont bons pour le passé : ils ne sont pas bons pour nous. Nous avons le droit de dire ce qui a été dit et même ce qui n'a pas été dit d'une façon qui nous appartienne, qui soit immédiate, directe, réponde aux façons de sentir actuelles, et que tout le monde comprendra.

Il est idiot de reprocher à la foule de n'avoir pas le sens du sublime, quand on confond le sublime avec l'une de ses manifestations formelles qui sont d'ailleurs toujours des manifestations trépassées. Et si, par exemple, la foule actuelle ne comprend plus *Œdipe-Roi,* j'oserai dire que c'est la faute à *Œdipe-Roi* et non à la foule.

Dans *Œdipe-Roi* il y a le thème de l'Inceste et cette idée que la nature se moque de la morale ; et qu'il y a quelque part des forces errantes auxquelles nous ferions bien de prendre garde ; qu'on les appelle *destin* ces forces, ou autrement.

Il y a en outre la présence d'une épidémie de peste qui est une incarnation physique de ces forces. Mais tout cela sous des habits et dans un langage qui ont perdu tout contact avec le rythme épileptique et grossier de ce temps. Sophocle parle haut peut-être mais avec des manières qui ne sont plus d'époque. Il parle trop fin pour cette époque et on peut croire qu'il parle à côté.

Cependant une foule que les catastrophes de chemins de fer font trembler, qui connaît les tremblements de terre, la peste, la révolution, la guerre ; qui est sensible aux affres désordonnées de l'amour, peut atteindre à toutes ces hautes notions et ne demande qu'à en prendre conscience, mais à condition qu'on sache lui parler son propre langage, et que la notion de ces choses ne lui arrive pas à travers des habits et une parole frelatée, qui appartiennent à des époques mortes et qu'on ne recommencera jamais plus.

La foule aujourd'hui comme autrefois est avide de mystère : elle ne demande qu'à prendre conscience des lois suivant lesquelles le destin se manifeste et de deviner peut-être le secret de ses apparitions.

Laissons aux pions les critiques de textes, aux esthètes les critiques de formes, et reconnaissons que ce qui a été dit n'est plus à dire; qu'une expression ne vaut pas deux fois, ne vit pas deux fois; que toute parole prononcée est morte et n'agit qu'au moment où elle est prononcée, qu'une forme employée ne sert plus et n'invite qu'à en rechercher une autre, et que le théâtre est le seul endroit au monde où un geste fait ne se recommence pas deux fois.

Si la foule ne vient pas aux chefs-d'œuvre littéraires c'est que ces chefs-d'œuvre sont litté-raires, c'est-à-dire fixés; et fixés en des formes qui ne répondent plus aux besoins du temps.

Loin d'accuser la foule et le public nous devons accuser l'écran formel que nous interposons entre nous et la foule, et cette forme d'idolâtrie nouvelle, cette idolâtrie des chefs-d'œuvre fixés qui est un des aspects du conformisme bourgeois.

Ce conformisme qui nous fait confondre le sublime, les idées, les choses avec les formes qu'elles ont prises à travers le temps et en nous-mêmes, — dans nos mentalités de snobs, de précieux et d'esthètes que le public ne comprend plus.

Il sera vain dans tout cela d'accuser le mauvais goût du public qui se gargarise d'insanités, tant qu'on n'aura pas montré au public un spectacle valable ; et je défie qu'on me montre *ici* un spectacle valable, et valable dans le sens suprême du théâtre, depuis les derniers grands mélodrames romantiques, c'est-à-dire depuis cent ans.

Le public qui prend le faux pour du vrai, a le sens du vrai et il réagit toujours devant lui quand il se manifeste. Pourtant ce n'est pas sur la scène qu'il faut le chercher aujourd'hui, mais dans la rue ; et qu'on offre à la foule des rues une occasion de montrer sa dignité humaine, elle la montrera toujours.

Si la foule s'est déshabituée d'aller au théâtre ; si nous avons tous fini par considérer le théâtre comme un art inférieur, un moyen de distraction vulgaire, et par l'utiliser comme un exutoire à nos mauvais instincts ; c'est qu'on nous a trop dit que c'était du théâtre, c'est-à-dire du mensonge et de

l'illusion. C'est qu'on nous a habitués depuis quatre
cents ans, c'est-à-dire depuis la Renaissance, à un
théâtre purement descriptif et qui raconte, qui
raconte de la psychologie.

C'est qu'on s'est ingénié à faire vivre sur la scène
des êtres plausibles mais détachés, avec le spectacle
d'un côté, le public de l'autre, — et qu'on n'a plus
montré à la foule que le miroir de ce qu'elle est.

Shakespeare lui-même est responsable de cette
aberration et de cette déchéance, de cette idée
désintéressée du théâtre qui veut qu'une représentation théâtrale laisse le public intact, sans qu'une
image lancée provoque son ébranlement dans l'organisme, pose sur lui une empreinte qui ne
s'effacera plus[2].

Si dans Shakespeare l'homme a parfois la préoccupation de ce qui le dépasse, il s'agit toujours en
définitive des conséquences de cette préoccupation
dans l'homme, c'est-à-dire de la psychologie.

La psychologie qui s'acharne à réduire l'inconnu
au connu, c'est-à-dire au quotidien et à l'ordinaire,
est la cause de cet abaissement et de cette effrayante
déperdition d'énergie, qui me paraît bien arrivée à
son dernier terme. Et il me semble que le théâtre et
nous-mêmes devons en finir avec la psychologie.

Je crois d'ailleurs qu'à ce point de vue nous
sommes tous d'accord et qu'il n'est pas besoin de
descendre jusqu'au répugnant théâtre moderne et

français, pour condamner le théâtre psychologique.

Des histoires d'argent, d'angoisses pour de l'argent, d'arrivisme social, d'affres amoureuses où l'altruisme n'intervient jamais, de sexualités saupoudrées d'un érotisme sans mystère, ne sont pas du théâtre si elles sont de la psychologie. Ces angoisses, ce stupre, ces ruts devant quoi nous ne sommes plus que des voyeurs qui se délectent, tournent à la révolution et à l'aigre : il faut que l'on se rende compte de cela.

Mais le plus grave n'est pas là.

Si Shakespeare et ses imitateurs nous ont insinué à la longue une idée de l'art pour l'art, avec l'art d'un côté et la vie de l'autre, on pouvait se reposer sur cette idée inefficace et paresseuse tant que la vie au dehors tenait. Mais on voit tout de même à trop de signes que tout ce qui nous faisait vivre ne tient plus, que nous sommes tous fous, désespérés et malades. Et je *nous* invite à réagir.

Cette idée d'art détaché, de poésie-charme et qui n'existe que pour charmer les loisirs, est une idée de décadence, et elle démontre hautement notre puissance de castration.

Notre admiration littéraire pour Rimbaud, Jarry, Lautréamont et quelques autres, qui a poussé deux hommes au suicide mais qui se réduit pour les autres à des parlotes de cafés, fait partie de cette idée de la poésie littéraire, de l'art détaché, de l'activité spirituelle neutre, qui ne fait rien et ne produit rien; et je constate que c'est au moment où la poésie individuelle, qui n'engage que celui qui la fait et au moment où il la fait, sévissait de la façon la plus abusive que le théâtre a été le plus méprisé par des poètes qui n'ont jamais eu le sens ni de l'action directe et en masse, ni de l'efficacité, ni du danger.

On doit en finir avec cette superstition des textes et de la poésie *écrite*. La poésie écrite vaut une fois et ensuite qu'on la détruise. Que les poètes morts laissent la place aux autres. Et nous pourrions tout de même voir que c'est notre vénération devant ce qui a été déjà fait, si beau et si valable que ce soit, qui nous pétrifie, qui nous stabilise et nous empêche de prendre contact avec la force qui est dessous, qu'on l'appelle l'énergie pensante, la force vitale, le déterminisme des échanges, les menstrues de la lune ou tout ce qu'on voudra. Sous la poésie des textes, il y a la poésie tout court, sans forme et sans texte. Et comme l'efficacité des masques, qui servent aux opérations de magie de certaines peuplades, s'épuise, — et ces masques ne sont plus bons qu'à rejeter dans les musées, — de même s'épuise l'efficacité poétique d'un texte, et la poésie et l'efficacité du théâtre est celle qui s'épuise le moins vite, puisqu'elle admet l'action de ce qui se gesticule et se prononce, et qui ne se reproduit jamais deux fois.

Il s'agit de savoir ce que nous voulons. Si nous sommes tous prêts pour la guerre, la peste, la famine et le massacre nous n'avons même pas besoin de le dire, nous n'avons qu'à continuer. Continuer à nous comporter en snobs, et à nous porter en masse devant tel ou tel chanteur, tel ou tel spectacle admirable et qui ne dépasse pas le domaine de l'art (et les ballets russes même au moment de leur splendeur n'ont jamais dépassé le domaine de l'art), telle ou telle exposition de peinture de chevalet où éclatent de-ci de-là des formes impressionnantes mais au hasard et sans une conscience véridique des forces qu'elles pourraient remuer.

Il faut que cessent cet empirisme, ce hasard, cet individualisme et cette anarchie.

Assez de poèmes individuels et qui profitent à ceux qui les font beaucoup plus qu'à ceux qui les lisent.

Assez une fois pour toutes de ces manifestations d'art fermé, égoïste et personnel.

Notre anarchie et notre désordre d'esprit est fonction de l'anarchie du reste, — ou plutôt c'est le reste qui est fonction de cette anarchie.

Je ne suis pas de ceux qui croient que la civilisation doit changer pour que le théâtre

NB

change; mais je crois que le théâtre utilisé dans un sens supérieur et le plus difficile possible a la force d'influer sur l'aspect et sur la formation des choses : et le rapprochement sur la scène de deux manifestations passionnelles, de deux foyers vivants, de deux magnétismes nerveux est quelque chose d'aussi entier, d'aussi vrai, d'aussi déterminant même, que, dans la vie, le rapprochement de deux épidermes dans un stupre sans lendemain.

C'est pourquoi je propose un théâtre de la cruauté. — Avec cette manie de tout rabaisser qui nous appartient aujourd'hui à tous, « cruauté », quand j'ai prononcé ce mot, a tout de suite voulu dire « sang » pour tout le monde. Mais « *théâtre de la cruauté* » veut dire théâtre difficile et cruel d'abord pour moi-même. Et, sur le plan de la représentation, il ne s'agit pas de cette cruauté que nous pouvons exercer les uns contre les autres en nous dépeçant mutuellement les corps, en sciant nos anatomies personnelles, ou, tels des empereurs assyriens, en nous adressant par la poste des sacs d'oreilles humaines, de nez ou de narines bien découpés, mais de celle beaucoup plus terrible et nécessaire que les choses peuvent exercer contre nous. Nous ne sommes pas libres. Et le ciel peut encore nous tomber sur la tête. Et le théâtre est fait pour nous apprendre d'abord cela.

Ou nous serons capables d'en revenir par des

moyens modernes et actuels à cette idée supérieure de la poésie et de la poésie par le théâtre qui est derrière les Mythes racontés par les grands tragiques anciens, et capables encore une fois de supporter une idée religieuse du théâtre, c'est-à-dire, sans méditation, sans contemplation inutile, sans rêve épars, d'arriver à une prise de conscience et aussi de possession de certaines forces dominantes, de certaines notions qui dirigent tout; et comme les notions quand elles sont effectives portent avec elles leur énergie, de retrouver en nous ces énergies qui en fin de compte créent l'ordre et font remonter le taux de la vie, ou nous n'avons plus qu'à nous abandonner sans réactions et tout de suite, et à reconnaître que nous ne sommes plus bons que pour le désordre, la famine, le sang, la guerre et les épidémies.

Ou nous ramènerons tous les arts à une attitude et à une nécessité centrales, trouvant une analogie entre un geste fait dans la peinture ou au théâtre, et un geste fait par la lave dans le désastre d'un volcan, ou nous devons cesser de peindre, de clabauder, d'écrire et de faire quoi que ce soit.

Je propose d'en revenir au théâtre à cette idée élémentaire magique, reprise par la psychanalyse moderne, qui consiste pour obtenir la guérison d'un malade à lui faire prendre l'attitude extérieure de l'état auquel on voudrait le ramener.

Je propose de renoncer à cet empirisme des images que l'inconscient apporte au hasard et que l'on lance aussi au hasard en les appelant des images poétiques, donc hermétiques, comme si cette espèce de transe que la poésie apporte n'avait pas son retentissement dans la sensibilité entière, dans tous les nerfs, et comme si la poésie était une force vague et qui ne varie pas ses mouvements.

Je propose d'en revenir par le théâtre à une idée de la connaissance physique des images et des moyens de provoquer des transes, comme la médecine chinoise connaît sur toute l'étendue de l'anatomie humaine les points qu'on pique et qui régissent jusqu'aux plus subtiles fonctions.

Pour qui a oublié le pouvoir communicatif et le mimétisme magique d'un geste, le théâtre peut le lui réapprendre, parce qu'un geste porte avec lui sa force, et qu'il y a tout de même des êtres humains au théâtre pour manifester la force du geste que l'on fait.

Faire de l'art c'est priver un geste de son retentissement dans l'organisme, et ce retentissement, si le geste est fait dans les conditions et avec la force requises, invite l'organisme et, par lui, l'individualité entière, à prendre des attitudes conformes au geste qui est fait.

Le théâtre est le seul endroit au monde et le dernier moyen d'ensemble qui nous reste d'atteindre directement l'organisme, et, dans les périodes de névrose et de sensualité basse comme celle où nous plongeons, d'attaquer cette sensualité basse par des moyens physiques auxquels elle ne résistera pas.

Si la musique agit sur les serpents ce n'est pas par les notions spirituelles qu'elle leur apporte, mais parce que les serpents sont longs, qu'ils s'enroulent longuement sur la terre, que leur corps touche à la terre par sa presque totalité; et les vibrations musicales qui se communiquent à la terre l'atteignent comme un massage très subtil et très long; eh bien, je propose d'en agir avec les spectateurs comme avec les serpents qu'on charme et de les faire revenir par l'organisme jusqu'aux plus subtiles notions.

D'abord par des moyens grossiers et qui à la longue se subtilisent. Ces moyens grossiers immédiats retiennent au début son attention.

C'est pourquoi dans le « théâtre de la cruauté » le spectateur est au milieu tandis que le spectacle l'entoure.

Dans ce spectacle la sonorisation est constante : les sons, les bruits, les cris sont cherchés d'abord pour leur qualité vibratoire, ensuite pour ce qu'ils représentent.

Dans ces moyens qui se subtilisent la lumière intervient à son tour. La lumière qui n'est pas faite seulement pour colorer, ou pour éclairer, et qui porte avec elle sa force, son influence, ses suggestions. Et la lumière d'une caverne verte ne met pas l'organisme dans les mêmes dispositions sensuelles que la lumière d'un jour de grand vent.

Après le son et la lumière il y a l'action, et le dynamisme de l'action : c'est ici que le théâtre loin de copier la vie se met en communication s'il le peut avec des forces pures. Et qu'on les accepte ou qu'on les nie, il y a tout de même une façon de parler qui appelle forces ce qui fait naître dans l'inconscient des images énergiques, et à l'extérieur le crime gratuit.

Une action violente et ramassée est une similitude de lyrisme : elle appelle des images surnaturelles, un sang d'images, et un jet sanglant d'images aussi bien dans la tête du poète que dans celle du spectateur.

Quels que soient les conflits qui hantent la tête d'une époque, je défie bien un spectateur à qui des scènes violentes auront passé leur sang, qui aura senti en lui le passage d'une action supérieure, qui aura vu en éclair dans des faits extraordinaires les mouvements extraordinaires et essentiels de sa pensée, — la violence et le sang ayant été mis au service de la violence de la pensée, — je le défie de se livrer au-dehors à des idées de guerre, d'émeute et d'assassinat hasardeux.

Dite de cette façon cette idée a l'air avancée et
puérile. Et l'on prétendra que l'exemple appelle
l'exemple, que l'attitude de la guérison invite à la
guérison, et celle de l'assassinat à l'assassinat. Tout
dépend de la façon et de la pureté avec laquelle les
choses sont faites. Il y a un risque. Mais qu'on
n'oublie pas qu'un geste de théâtre est violent, mais
qu'il est désintéressé; et que le théâtre enseigne
justement l'inutilité de l'action qui une fois faite
n'est plus à faire, et l'utilité supérieure de l'état
inutilisé par l'action mais qui, *retourné*, produit la
sublimation.

Je propose donc un théâtre où des images
physiques violentes broient et hypnotisent la sensibilité du spectateur pris dans le théâtre comme
dans un tourbillon de forces supérieures.

Un théâtre qui abandonnant la psychologie
raconte l'extraordinaire, mette en scène des conflits
naturels, des forces naturelles et subtiles, et qui se
présente d'abord comme une force exceptionnelle
de dérivation. Un théâtre qui produise des transes,
comme les danses de Derviches et d'Aïssaouas
produisent des transes, et qui s'adresse à l'organisme avec des moyens précis, et avec les mêmes
moyens que les musiques de guérison de certaines
peuplades que nous admirons dans les disques mais
que nous sommes incapables de faire naître parmi
nous.

Il y a là un risque, mais j'estime que dans les circonstances actuelles il vaut la peine d'être couru. Je ne crois pas que nous arrivions à raviver l'état de choses où nous vivons et je ne crois pas qu'il vaille même la peine de s'y raccrocher; mais je propose quelque chose pour sortir du marasme, au lieu de continuer à gémir sur ce marasme et sur l'ennui, l'inertie et la sottise de tout.

LE THÉÂTRE ET LA CRUAUTÉ [1]

Une idée du théâtre s'est perdue. Et dans la mesure où le théâtre se borne à nous faire pénétrer dans l'intimité de quelques fantoches, et où il transforme le public en voyeur, on comprend que l'élite s'en détourne et que le gros de la foule aille chercher au cinéma, au music-hall ou au cirque, des satisfactions violentes, et dont la teneur ne le déçoit pas.

Au point d'usure où notre sensibilité est parvenue, il est certain que nous avons besoin avant tout d'un théâtre qui nous réveille : nerfs et cœur.

Les méfaits du théâtre psychologique venu de Racine nous ont déshabitués de cette action immédiate et violente que le théâtre doit posséder. Le cinéma à son tour, qui nous assassine de reflets, qui filtré par la machine ne peut plus *joindre* notre sensibilité, nous maintient depuis dix ans dans un engourdissement inefficace, où paraissent sombrer toutes nos facultés.

Dans la période angoissante et catastrophique où nous vivons, nous ressentons le besoin urgent d'un théâtre que les événements ne dépassent pas, dont la résonance en nous soit profonde, domine l'instabilité des temps.

La longue habitude des spectacles de distraction nous a fait oublier l'idée d'un théâtre grave, qui, bousculant toutes nos représentations, nous insuffle le magnétisme ardent des images et agit finalement sur nous à l'instar d'une thérapeutique de l'âme dont le passage ne se laissera plus oublier.

Tous ce qui agit est une cruauté. C'est sur cette idée d'action poussée à bout, et extrême que le théâtre doit se renouveler.

Pénétré de cette idée que la foule pense d'abord avec ses sens, et qu'il est absurde comme dans le théâtre psychologique ordinaire de s'adresser d'abord à son entendement, le Théâtre de la Cruauté se propose de recourir au spectacle de masses; de rechercher dans l'agitation de masses importantes, mais jetées l'une contre l'autre et convulsées, un peu de cette poésie qui est dans les fêtes et dans les foules, les jours, aujourd'hui trop rares, où le peuple descend dans la rue.

Tout ce qui est dans l'amour, dans le crime, dans la guerre, ou dans la folie, il faut que le théâtre nous le rende, s'il veut retrouver sa nécessité.

L'amour quotidien, l'ambition personnelle, les

tracas journaliers, n'ont de valeur qu'en réaction avec cette sorte d'affreux lyrisme qui est dans les Mythes auxquels des collectivités massives ont donné leur consentement.

C'est pourquoi, autour de personnages fameux, de crimes atroces, de surhumains dévouements, nous essaierons de concentrer un spectacle qui, sans recourir aux images expirées des vieux Mythes, se révèle capable d'extraire les forces qui s'agitent en eux.

En un mot, nous croyons qu'il y a, dans ce qu'on appelle la poésie, des forces vives, et que l'image d'un crime présentée dans les conditions théâtrales requises est pour l'esprit quelque chose d'infiniment plus redoutable que ce même crime, réalisé.

Nous voulons faire du théâtre une réalité à laquelle on puisse croire, et qui contienne pour le cœur et les sens cette espèce de morsure concrète que comporte toute sensation vraie. De même que nos rêves agissent sur nous et que la réalité agit sur nos rêves, nous pensons qu'on peut identifier les images de la poésie à un rêve, qui sera efficace dans la mesure où il sera jeté avec la violence qu'il faut. Et le public croira aux rêves du théâtre à condition qu'il les prenne vraiment pour des rêves et non pour un calque de la réalité ; à condition qu'ils lui permettent de libérer en lui cette liberté magique du songe, qu'il ne peut reconnaître qu'empreinte de terreur et de cruauté.

D'où cet appel à la cruauté et à la terreur, mais sur un plan vaste, et dont l'ampleur sonde notre vitalité intégrale, nous mette en face de toutes nos possibilités.

C'est pour prendre la sensibilité du spectateur sur toutes ses faces, que nous préconisons un spectacle tournant, et qui au lieu de faire de la scène et de la salle deux mondes clos, sans communication possible, répande ses éclats visuels et sonores sur la masse entière des spectateurs.

En outre, sortant du domaine des sentiments analysables et passionnels, nous comptons faire servir le lyrisme de l'acteur à manifester des forces externes; et faire rentrer par ce moyen la nature entière dans le théâtre, tel que nous voulons le réaliser.

Pour vaste que soit ce programme, il ne dépasse pas le théâtre lui-même, qui nous paraît s'identifier pour tout dire avec les forces de l'ancienne magie.

Pratiquement, nous voulons ressusciter une idée du spectacle total, où le théâtre saura reprendre au cinéma, au music-hall, au cirque, et à la vie même, ce qui de tout temps lui a appartenu. Cette séparation entre le théâtre d'analyse et le monde plastique nous apparaissant comme une stupidité. On ne sépare pas le corps de l'esprit, ni les sens de l'intelligence, surtout dans un domaine où la fatigue sans cesse renouvelée des organes a besoin de secousses brusques pour raviver notre entendement.

Donc, d'une part, la masse et l'étendue d'un spectacle qui s'adresse à l'organisme entier; de l'autre, une mobilisation intensive d'objets, de gestes, de signes, utilisés dans un esprit nouveau. La part réduite faite à l'entendement conduit à une compression énergique du texte; la part active faite à l'émotion poétique obscure oblige à des signes concrets. Les mots parlent peu à l'esprit; l'étendue et les objets parlent; les images nouvelles parlent, même faites avec des mots. Mais l'espace tonnant d'images, gorgé de sons, parle aussi, si l'on sait de temps en temps ménager des étendues suffisantes d'espace meublées de silence et d'immobilité.

Sur ce principe, nous envisageons de donner un spectacle où ces moyens d'action directe soient utilisés dans leur totalité; donc un spectacle qui ne craigne pas d'aller aussi loin qu'il faut dans l'exploration de notre sensibilité nerveuse, avec des rythmes, des sons, des mots, des résonances et des ramages, dont la qualité et les surprenants alliages font partie d'une technique qui ne doit pas être divulguée.

Pour le reste et pour parler clair, les images de certaines peintures de Grünewald ou de Hieronymus Bosch, disent assez ce que peut être un spectacle où, comme dans le cerveau d'un saint quelconque, les choses de la nature extérieure apparaîtront comme des tentations.

C'est là, dans ce spectacle d'une tentation où la vie a tout à perdre, et l'esprit tout à gagner, que le théâtre doit retrouver sa véritable signification.

Nous avons par ailleurs donné un programme qui doit permettre à des moyens de mise en scène pure, trouvés sur place, de s'organiser autour de thèmes historiques ou cosmiques, connus de tous.

Et nous insistons sur le fait que le premier spectacle du Théâtre de la Cruauté roulera sur des préoccupations de masses, beaucoup plus pressantes et beaucoup plus inquiétantes que celles de n'importe quel individu.

Il s'agit maintenant de savoir, si, à Paris, avant les cataclysmes qui s'annoncent, on pourra trouver assez de moyens de réalisation, financiers ou autres, pour permettre à un semblable théâtre de vivre, et celui-ci tiendra de toute façon, parce qu'il est l'avenir. Ou s'il faudra un peu de vrai sang, tout de suite, pour manifester cette cruauté.

Mai 1933.

LE THÉÂTRE DE LA CRUAUTÉ[1]

(Premier manifeste)

On[2] ne peut continuer à prostituer l'idée de
théâtre qui ne vaut que par une liaison magique,
atroce, avec la réalité et avec le danger.

Posée de la sorte, la question du théâtre doit
réveiller l'attention générale, étant sous-entendu
que le théâtre par son côté physique, et parce qu'il
exige *l'expression dans l'espace,* la seule réelle en fait,
permet aux moyens magiques de l'art et de la
parole de s'exercer organiquement et dans leur
entier, comme des exorcismes renouvelés. De tout
ceci il ressort qu'on ne rendra pas au théâtre ses
pouvoirs spécifiques d'action, avant de lui rendre
son langage.

C'est-à-dire qu'au lieu d'en revenir à des textes
considérés comme définitifs et comme sacrés, il
importe avant tout de rompre l'assujettissement du
théâtre au texte, et de retrouver la notion d'une

sorte de langage unique à mi-chemin entre le geste et la pensée.

Ce langage, on ne peut le définir que par les possibilités de l'expression dynamique et dans l'espace opposées aux possibilités de l'expression par la parole dialoguée. Et ce que le théâtre peut encore arracher à la parole, ce sont ses possibilités d'expansion hors des mots, de développement dans l'espace, d'action dissociatrice et vibratoire sur la sensibilité. C'est ici qu'interviennent les intonations, la prononciation particulière d'un mot. C'est ici qu'intervient, en dehors du langage auditif des sons, le langage visuel des objets, des mouvements, des attitudes, des gestes, mais à condition qu'on prolonge leur sens, leur physionomie, leurs assemblages jusqu'aux signes, en faisant de ces signes une manière d'alphabet. Ayant pris conscience de ce langage dans l'espace, langage de sons, de cris, de lumières, d'onomatopées, le théâtre se doit de l'organiser en faisant avec les personnages et les objets de véritables hiéroglyphes, et en se servant de leur symbolisme et de leurs correspondances par rapport à tous les organes et sur tous les plans.

Il s'agit donc, pour le théâtre, de créer une métaphysique de la parole, du geste, de l'expression, en vue de l'arracher à son piétinement psychologique et humain. Mais tout ceci ne peut servir s'il n'y a derrière un tel effort une sorte de tentation métaphysique réelle, un appel à certaines idées inhabituelles, dont le destin est justement de ne pouvoir être limitées, ni même formellement dessinées. Ces idées qui touchent à la Création, au Devenir, au Chaos, et sont toutes d'ordre cosmique, fournissent une première notion d'un domaine dont le théâtre s'est totalement déshabitué. Elles peuvent créer une sorte d'équation passionnante entre l'Homme, la Société, la Nature et les Objets.

La question d'ailleurs ne se pose pas de faire venir sur la scène et directement des idées métaphysiques, mais de créer des sortes de tentations, d'appels d'air autour de ces idées. Et l'humour avec son anarchie, la poésie avec son symbolisme et ses images, donnent comme une première notion des moyens de canaliser la tentation de ces idées.

Il faut parler maintenant du côté uniquement matériel de ce langage. C'est-à-dire de toutes les façons et de tous les moyens qu'il a pour agir sur la sensibilité.

Il serait vain de dire qu'il fait appel à la musique, à la danse, à la pantomime, ou à la mimique. Il est évident qu'il utilise des mouvements, des harmonies, des rythmes, mais seulement au point où ils peuvent concourir à une sorte d'expression centrale, sans profit pour un art particulier. Ce qui ne veut pas dire non plus qu'il ne se serve pas des faits

ordinaires, des passions ordinaires, mais comme
d'un tremplin, de même que L'HUMOUR-DES-
TRUCTION, par le rire, peut servir à lui concilier
les habitudes de la raison.

Mais avec un sens tout oriental de l'expression ce
langage objectif et concret du théâtre sert à coincer,
à enserrer des organes. Il court dans la sensibilité.
Abandonnant les utilisations occidentales de la
parole, il fait des mots des incantations. Il pousse la
voix. Il utilise des vibrations et des qualités de voix.
Il fait piétiner éperdument des rythmes. Il pilonne
des sons. Il vise à exalter, à engourdir, à charmer, à
arrêter la sensibilité. Il dégage le sens d'un lyrisme
nouveau du geste, qui par sa précipitation ou son
amplitude dans l'air finit par dépasser le lyrisme
des mots. Il rompt enfin l'assujettissement intellectuel au langage, en donnant le sens d'une
intellectualité nouvelle et plus profonde, qui se
cache sous les gestes et sous les signes élevés à la
dignité d'exorcismes particuliers.

Car tout ce magnétisme, et toute cette poésie, et
ces moyens de charme directs ne seraient rien, s'ils
ne devaient mettre physiquement l'esprit sur la voie
de quelque chose, si le vrai théâtre ne pouvait nous
donner le sens d'une création dont nous ne
possédons qu'une face, mais dont l'achèvement est
sur d'autres plans.

Et il importe peu que ces autres plans soient

réellement conquis par l'esprit, c'est-à-dire par l'intelligence, c'est les diminuer et cela n'a pas d'intérêt, ni de sens. Ce qui importe, c'est que, par des moyens sûrs, la sensibilité soit mise en état de perception plus approfondie et plus fine, et c'est là l'objet de la magie et des rites, dont le théâtre n'est qu'un reflet.

TECHNIQUE

Il s'agit donc de faire du théâtre, au propre sens du mot, une fonction; quelque chose d'aussi localisé et d'aussi précis que la circulation du sang dans les artères, ou le développement, chaotique en apparence, des images du rêve dans le cerveau, et ceci par un enchaînement efficace, une vraie mise en servage de l'attention.

Le théâtre ne pourra redevenir lui-même, c'est-à-dire constituer un moyen d'illusion vraie, qu'en fournissant au spectateur des précipités véridiques de rêves, où son goût du crime, ses obsessions érotiques, sa sauvagerie, ses chimères, son sens utopique de la vie et des choses, son cannibalisme même, se débondent, sur un plan non pas supposé et illusoire, mais intérieur.

En d'autres termes, le théâtre doit poursuivre, par tous les moyens, une remise en cause non seulement de tous les aspects du monde objectif et descriptif externe, mais du monde interne, c'est-à-dire de l'homme, considéré métaphysiquement. Ce n'est qu'ainsi, croyons-nous, qu'on pourra encore reparler au théâtre des droits de l'imagination. Ni l'Humour, ni la Poésie, ni l'Imagination, ne veulent rien dire, si par une destruction anarchique, productrice d'une prodigieuse volée de formes qui seront tout le spectacle, ils ne parviennent à remettre en cause organiquement l'homme, ses idées sur la réalité et sa place poétique dans la réalité.

Mais considérer le théâtre comme une fonction psychologique ou morale de seconde main, et croire que les rêves eux-mêmes ne sont qu'une fonction de remplacement, c'est diminuer la portée poétique profonde aussi bien des rêves que du théâtre. Si le théâtre comme les rêves est sanguinaire et inhumain, c'est, beaucoup plus loin que cela, pour manifester et ancrer inoubliablement en nous l'idée d'un conflit perpétuel et d'un spasme où la vie est tranchée à chaque minute, où tout dans la création s'élève et s'exerce contre notre état d'êtres constitués, c'est pour perpétuer d'une manière concrète et actuelle les idées métaphysiques de quelques Fables dont l'atrocité même et l'énergie suffisent à

démonter l'origine et la teneur en principes essentiels.

Ceci étant, on voit que, par sa proximité avec les
principes qui lui transfusent poétiquement leur
énergie, ce langage nu du théâtre, langage non
virtuel, mais réel, doit permettre, par l'utilisation
du magnétisme nerveux de l'homme, de transgres-
ser les limites ordinaires de l'art et de la parole,
pour réaliser activement, c'est-à-dire magiquement,
en termes vrais, une sorte de création totale, où il ne
reste plus à l'homme que de reprendre sa place
entre les rêves et les événements.

LES THÈMES

Il ne s'agit pas d'assassiner le public avec des
préoccupations cosmiques transcendantes. Qu'il y
ait des clefs profondes de la pensée et de l'action
selon lesquelles lire tout le spectacle, cela ne
regarde pas en général le spectateur, qui ne s'y
intéresse pas. Mais encore faut-il qu'elles y soient;
et cela nous regarde.

***

LE SPECTACLE :

Tout spectacle contiendra un élément physique et objectif, sensible à tous. Cris, plaintes, apparitions, surprises, coups de théâtre de toutes sortes, beauté magique des costumes pris à certains modèles rituels, resplendissement de la lumière, beauté incantatoire des voix, charme de l'harmonie, notes rares de la musique, couleurs des objets, rythme physique des mouvements dont le crescendo et le decrescendo épousera la pulsation de mouvements familiers à tous, apparitions concrètes d'objets neufs et surprenants, masques, mannequins de plusieurs mètres, changements brusques de la lumière, action physique de la lumière qui éveille le chaud et le froid, etc.

LA MISE EN SCÈNE :

C'est autour de la mise en scène, considérée non comme le simple degré de réfraction d'un texte sur la scène, mais comme le point de départ de toute création théâtrale, que se constituera le langage type du théâtre. Et c'est dans l'utilisation et le maniement de ce langage que se fondra la vieille dualité entre l'auteur et le metteur en scène, remplacés par une sorte de Créateur unique, à qui incombera la responsabilité double du spectacle et de l'action.

LE LANGAGE DE LA SCÈNE :

Il ne s'agit pas de supprimer la parole articulée, mais de donner aux mots à peu près l'importance qu'ils ont dans les rêves.

Pour le reste, il faut trouver des moyens nouveaux de noter ce langage, soit que ces moyens s'apparentent à ceux de la transcription musicale, soit qu'on fasse usage d'une manière de langage chiffré.

En ce qui concerne les objets ordinaires, ou même le corps humain, élevés à la dignité de signes, il est évident que l'on peut s'inspirer des caractères hiéroglyphiques, non seulement pour noter ces signes d'une manière lisible et qui permette de les reproduire à volonté, mais pour composer sur la scène des symboles précis et lisibles directement.

D'autre part, ce langage chiffré et cette transcription musicale seront précieux comme moyen de transcrire les voix.

Puisqu'il est à la base de ce langage de procéder à une utilisation particulière des intonations, ces intonations doivent constituer une sorte d'équilibre harmonique, de déformation seconde de la parole, qu'il faudra pouvoir reproduire à volonté.

De même les dix mille et une expressions du visage prises à l'état de masques, pourront être étiquetées et cataloguées, en vue de participer directement et symboliquement à ce langage concret de la scène ; et

*ceci en dehors de leur utilisation psychologique parti-
culière.*

*De plus ces gestes symboliques, ces masques, ces
attitudes, ces mouvements particuliers ou d'ensemble,
dont les significations innombrables constituent une
part importante du langage concret du théâtre, gestes
évocateurs, attitudes émotives, ou arbitraires, pilon-
nages éperdus de rythmes et de sons, se doubleront,
seront multipliés par des sortes de gestes et d'attitudes
reflets, constitués par l'amas de tous les gestes
impulsifs, de toutes les attitudes manquées, de tous les
lapsus de l'esprit et de la langue, par lesquels se
manifeste ce que l'on pourrait appeler les impuissances
de la parole, et il y a là une richesse d'expression
prodigieuse, à laquelle nous ne manquerons pas occa-
sionnellement de recourir.*

*Il y a en outre une idée concrète de la musique où les
sons interviennent comme des personnages, où des
harmonies sont coupées en deux et se perdent dans les
interventions précises des mots.*

*De l'un à l'autre moyen d'expression, des correspon-
dances et des étages se créent ; et il n'est pas jusqu'à la
lumière qui ne puisse avoir un sens intellectuel
déterminé.*

LES INSTRUMENTS DE MUSIQUE :

*Ils seront employés à l'état d'objets et comme faisant
partie du décor.*

De plus la nécessité d'agir directement et profondément sur la sensibilité par les organes invite, du point de vue sonore, à rechercher des qualités et des vibrations de sons absolument inaccoutumées, qualités que les instruments de musique actuels ne possèdent pas, et qui poussent à remettre en usage des instruments anciens et oubliés, ou à créer des instruments nouveaux. Elles poussent aussi à rechercher, en dehors de la musique, des instruments et des appareils qui, basés sur des fusions spéciales ou des alliages renouvelés de métaux, puissent atteindre un diapason nouveau de l'octave, produire des sons ou des bruits insupportables, lancinants.

LA LUMIÈRE. — LES ÉCLAIRAGES :

Les appareils lumineux actuellement en usage dans les théâtres ne peuvent plus suffire. L'action particulière de la lumière sur l'esprit entrant en jeu, des effets de vibrations lumineuses doivent être recherchés, des façons nouvelles de répandre les éclairages en ondes, ou par nappes, ou comme une fusillade de flèches de feu. La gamme colorée des appareils actuellement en usage est à revoir de bout en bout. Pour produire des qualités de tons particulières, on doit réintroduire dans la lumière un élément de ténuité, de densité, d'opacité en vue de produire le chaud, le froid, la colère, la peur, etc.

LE COSTUME :

En ce qui concerne le costume et sans penser qu'il puisse y avoir de costume de théâtre uniforme, le même pour toutes les pièces, on évitera le plus possible le costume moderne, non dans un goût fétichiste et superstitieux de l'ancien, mais parce qu'il apparaît comme absolument évident que certains costumes millénaires, à destination rituelle, bien qu'ils aient été à un moment donné d'époque, conservent une beauté et une apparence revélatrices, du fait de leur rapprochement avec les traditions qui leur donnèrent naissance.

LA SCÈNE. — LA SALLE :

Nous supprimons la scène et la salle qui sont remplacées par une sorte de lieu unique, sans cloisonnement, ni barrière d'aucune sorte, et qui deviendra le théâtre même de l'action. Une communication directe sera rétablie entre le spectateur et le spectacle, entre l'acteur et le spectateur, du fait que le spectateur placé au milieu de l'action est enveloppé et sillonné par elle. Cet enveloppement provient de la configuration même de la salle.

C'est ainsi qu'abandonnant les salles de théâtre existant actuellement, nous prendrons un hangar ou une grange quelconque, que nous ferons reconstruire selon les procédés qui ont abouti à l'architecture de certaines églises ou de certains lieux sacrés, et de certains temples du Haut-Thibet.

A l'intérieur de cette construction régneront des proportions particulières en hauteur et en profondeur. La salle sera close de quatre murs, sans aucune espèce d'ornement, et le public assis au milieu de la salle, en bas, sur des chaises mobiles qui lui permettront de suivre le spectacle qui se passera tout autour de lui. En effet, l'absence de scène, dans le sens ordinaire du mot, invitera l'action à se déployer aux quatre coins de la salle. Des emplacements particuliers seront réservés, pour les acteurs et pour l'action, aux quatre points cardinaux de la salle. Les scènes se joueront devant des fonds de murs peints à la chaux et destinés à absorber la lumière. De plus, en hauteur, des galeries courront sur tout le pourtour de la salle, comme dans certains tableaux de Primitifs. Ces galeries permettront aux acteurs, chaque fois que l'action le nécessitera, de se poursuivre d'un point à l'autre de la salle, et à l'action de se déployer à tous les étages et dans tous les sens de la perspective en hauteur et profondeur. Un cri poussé à un bout pourra se transmettre de bouche en bouche avec des amplifications et des modulations successives jusqu'à l'autre bout. L'action dénouera sa ronde, étendra sa trajectoire d'étage en étage, d'un point à un point, des paroxysmes naîtront tout à coup, s'allume-ront comme des incendies en des endroits différents ; et le caractère d'illusion vraie du spectacle, pas plus que l'emprise directe et immédiate de l'action sur le spectateur, ne seront un vain mot. Car cette diffusion de l'action sur un espace immense obligera l'éclairage d'une scène et les éclairages divers d'une représentation à empoigner aussi bien le public que les personnages; — et à plusieurs actions simultanées, à plusieurs phases d'une action identique où les personnages accrochés l'un à l'autre comme des essaims supporteront tous les assauts des situations, et les assauts extérieurs des éléments et de la tempête, correspondront des moyens physiques d'éclairage, de tonnerre ou de vent, dont le spectateur subira le contre-coup.

Toutefois, un emplacement central sera réservé qui, sans servir à proprement parler de scène, devra permettre au gros de l'action de se rassembler et de se nouer chaque fois que ce sera nécessaire.

LES OBJETS. — LES MASQUES. — LES ACCESSOIRES :

Des mannequins, des masques énormes, des objets aux proportions singulières apparaîtront au même titre que des images verbales, insisteront sur le côté concret de toute image et de toute expression, — avec pour contre-partie que des choses qui exigent d'habitude leur figuration objective seront escamotées ou dissimulées.

LE DÉCOR :

Il n'y aura pas de décor. Ce sera assez pour cet office des personnages hiéroglyphes, des costumes rituels, des mannequins de dix mètres de haut représentant la barbe du Roi Lear dans la tempête, des instruments de musique grands comme des hommes, des objets à forme et à destination inconnues.

L'ACTUALITÉ :

Mais, dira-t-on, un théâtre si loin de la vie, des faits, des préoccupations actuelles... De l'actualité et des événements, oui! Des préoccupations, dans ce qu'elles ont de profond et qui est l'apanage de quelques-uns, non! Et, dans le Zohar l'histoire de Rabbi-Siméon, qui brûle comme le feu, est actuelle comme le feu.

LES ŒUVRES :

Nous ne jouerons pas de pièce écrite, mais autour de thèmes, de faits ou d'œuvres connus, nous tenterons des essais de mise en scène directe. La nature et la disposition même de la salle exigent le spectacle et il n'est pas de thème, si vaste soit-il, qui puisse nous être interdit

SPECTACLE :

Il y a une idée du spectacle intégral à faire renaître
Le problème est de faire parler, de nourrir et de
meubler l'espace ; comme des mines introduites dans
une muraille de roches planes, et qui feraient naître
tout à coup des geysers et des bouquets.

L'ACTEUR :

L'acteur est à la fois un élément de première
importance, puisque c'est de l'efficacité de son jeu que
dépend la réussite du spectacle, et une sorte d'élément
passif et neutre, puisque toute initiative personnelle lui
est rigoureusement refusée. C'est d'ailleurs un domaine
où il n'est pas de règle précise ; et entre l'acteur à qui
on demande une simple qualité de sanglots, et celui qui
doit prononcer un discours avec ses qualités de
persuasion personnelles, il y a toute la marge qui
sépare un homme d'un instrument.

L'INTERPRÉTATION :

Le spectacle sera chiffré d'un bout à l'autre, comme
un langage. C'est ainsi qu'il n'y aura pas de
mouvement perdu, que tous les mouvements obéiront à
un rythme ; et que chaque personnage étant typé à

l'extrême, sa gesticulation, sa physionomie, son costume apparaîtront comme autant de traits de lumière.

LE CINÉMA :

A la visualisation grossière de ce qui est, le théâtre par la poésie oppose les images de ce qui n'est pas. D'ailleurs au point de vue de l'action on ne peut comparer une image de cinéma qui, si poétique soit-elle, est limitée par la pellicule, à une image de théâtre qui obéit à toutes les exigences de la vie.

LA CRUAUTÉ :

Sans un élément de cruauté à la base de tout spectacle, le théâtre n'est pas possible. Dans l'état de dégénérescence où nous sommes, c'est par la peau qu'on fera rentrer la métaphysique dans les esprits.

LE PUBLIC :

Il faut d'abord que ce théâtre soit.

LE PROGRAMME :

Nous mettrons en scène, sans tenir compte du texte :
1º Une adaptation d'une œuvre de l'époque de Shakespeare, entièrement conforme à l'état de trouble

actuel des esprits, soit qu'il s'agisse d'une pièce apocryphe de Shakespeare, comme Arden of Feversham, *soit de toute autre pièce de la même époque* [3].

2º *Une pièce d'une liberté poétique extrême de Léon-Paul Fargue* [4].

3º *Un extrait du* Zohar : *L'histoire de Rabbi-Siméon qui a la violence et la force toujours présente d'un incendie.*

4º *L'histoire de Barbe-Bleue reconstituée selon les archives, et avec une idée nouvelle de l'érotisme et de la cruauté.*

5º *La Prise de Jérusalem, d'après la Bible et l'Histoire ; avec la couleur rouge-sang qui en découle, et ce sentiment d'abandon et de panique des esprits visible jusque dans la lumière ; et d'autre part les disputes métaphysiques des prophètes, avec l'effroyable agitation intellectuelle qu'elles créent et dont le contre-coup rejaillit physiquement sur le Roi, le Temple, la Populace et les Événements.*

6º *Un conte du marquis de Sade* [5], *où l'érotisme sera transposé, figuré allégoriquement et habillé, dans le sens d'une extériorisation violente de la cruauté, et d'une dissimulation du reste.*

7º *Un ou plusieurs mélodrames romantiques où l'invraisemblance deviendra un élément actif et concret de poésie.*

8º *Le* Woyzeck *de Büchner* [6], *par esprit de réaction*

contre nos principes, et à titre d'exemple de ce que l'on peut tirer scéniquement d'un texte précis.

9o *Des œuvres du théâtre élisabéthain dépouillées de leur texte et dont on ne gardera que l'accoutrement d'époque, les situations, les personnages et l'action.*

LETTRES SUR LA CRUAUTÉ [1]

Paris, 13 septembre 1932.

A J. P. [2]

Cher ami,

Je ne puis vous donner sur mon Manifeste des précisions qui risqueraient d'en déflorer l'accent. Tout ce que je peux faire c'est de commenter provisoirement mon titre de Théâtre de la Cruauté et d'essayer d'en justifier le choix.

Il ne s'agit dans cette Cruauté ni de sadisme ni de sang, du moins pas de façon exclusive.

Je ne cultive pas systématiquement l'horreur. Ce mot de cruauté doit être pris dans un sens large, et non dans le sens matériel et rapace qui lui est prêté habituellement. Et je revendique, ce faisant, le droit

de briser avec le sens usuel du langage, de rompre
une bonne fois l'armature, de faire sauter le carcan,
d'en revenir enfin aux origines étymologiques de la
langue qui à travers des concepts abstraits évoquent
toujours une notion concrète.

On peut très bien imaginer une cruauté pure,
sans déchirement charnel. Et philosophiquement
parlant d'ailleurs qu'est-ce que la cruauté? Du
point de vue de l'esprit cruauté signifie rigueur,
application et décision implacable, détermination
irréversible, absolue.

Le déterminisme philosophique le plus courant
est, du point de vue de notre existence, une des
images de la cruauté.

C'est à tort qu'on donne au mot de cruauté un
sens de sanglante rigueur, de recherche gratuite et
désintéressée du mal physique. Le Rás éthiopien
qui charrie des princes vaincus et qui leur impose
son esclavage, ce n'est pas dans un amour désespéré
du sang qu'il le fait. Cruauté n'est pas en effet
synonyme de sang versé, de chair martyre, d'en-
nemi crucifié. Cette identification de la cruauté
avec les supplices est un tout petit côté de la
question. Il y a dans la cruauté qu'on exerce une
sorte de déterminisme supérieur auquel le bourreau
suppliciateur est soumis lui-même, et qu'il doit être
le cas échéant *déterminé* à supporter. La cruauté est
avant tout lucide, c'est une sorte de direction

rigide, la soumission à la nécessité. Pas de cruauté sans conscience, sans une sorte de conscience appliquée. C'est la conscience qui donne à l'exercice de tout acte de vie sa couleur de sang, sa nuance cruelle, puisqu'il est entendu que la vie c'est toujours la mort de quelqu'un.

DEUXIÈME LETTRE

Paris, 14 novembre 1932[3].

A J. P.

Cher ami,

La cruauté n'est pas surajoutée à ma pensée; elle y a toujours vécu : mais il me fallait en prendre conscience. J'emploie le mot de cruauté dans le sens d'appétit de vie, de rigueur cosmique et de nécessité implacable, dans le sens gnostique de tourbillon de vie qui dévore les ténèbres, dans le sens de cette douleur hors de la nécessité inéluctable de laquelle la vie ne saurait s'exercer; le bien est voulu, il est le résultat d'un acte, le mal est permanent. Le dieu caché quand il crée obéit à la nécessité cruelle de la création qui lui est imposée à lui-même, et il ne peut pas ne pas créer, donc ne pas admettre au centre du tourbillon volontaire du bien un noyau de mal de plus en plus réduit, de plus en plus mangé. Et le théâtre dans le sens de création continue, d'action magique entière obéit à cette nécessité. Une pièce où il n'y aurait pas cette volonté, cet appétit de vie aveugle, et capable de passer sur tout, visible dans chaque geste et dans chaque acte, et dans le côté transcendant de l'action, serait une pièce inutile et manquée.

TROISIÈME LETTRE

Paris, 16 novembre 1932.

A M. R. de R. ⁱ

Cher ami,

Je vous avouerai ne pas comprendre ni admettre les objections qui ont été faites contre mon titre. Car il me semble que la création et la vie elle-même ne se définissent que par une sorte de rigueur, donc de cruauté foncière qui mène les choses à leur fin inéluctable quel qu'en soit le prix.

L'effort est une cruauté, l'existence par l'effort est une cruauté. Sortant de son repos et se distendant jusqu'à l'être, Brahma souffre, d'une souffrance qui rend des harmoniques de joie peut-être, mais qui à l'extrémité ultime de la courbe ne s'exprime plus que par un affreux broiement.

Il y a dans le feu de vie, dans l'appétit de vie, dans l'impulsion irraisonnée à la vie, une espèce de méchanceté initiale : le désir d'Éros est une cruauté puisqu'il brûle des contingences; la mort est cruauté, la résurrection est cruauté, la transfiguration est cruauté, puisque en tous sens et dans un monde circulaire et clos il n'y a pas de place pour la vraie mort, qu'une ascension est un déchirement, que l'espace clos est nourri de vies, et que chaque vie plus forte passe à travers les autres, donc les mange dans un massacre qui est une transfiguration et un bien. Dans le monde manifesté et métaphysiquement parlant, le mal est la loi permanente, et ce qui est bien est un effort et déjà une cruauté surajoutée à l'autre.

Ne pas comprendre cela, c'est ne pas comprendre les idées métaphysiques. Et qu'on ne vienne pas après cela me dire que mon titre est limité. C'est avec cruauté que se coagulent les choses, que se forment les plans du créé. Le bien est toujours sur la face externe mais la face interne est un mal. Mal qui sera réduit à la longue mais à l'instant suprême où tout ce qui fut sera sur le point de retourner au chaos.

LETTRES SUR LE LANGAGE

Paris, 15 septembre 1931.

A M. B. C. [1]

Monsieur,

Vous affirmez dans un article sur la mise en scène et le théâtre : « qu'à considérer la mise en scène comme un art autonome on risque de commettre les pires erreurs »,

et que :

« la présentation, le côté spectaculaire d'un ouvrage dramatique ne doivent pas faire cavalier seul et se déterminer en toute indépendance ».

Et vous dites en outre que ce sont là des vérités premières.

A ne considérer la mise en scène que comme un art mineur et asservi, et à quoi ceux mêmes qui

l'emploient avec le maximum d'indépendance
dénient toute originalité foncière, vous avez mille
fois raison. Tant que la mise en scène demeurera,
même dans l'esprit des metteurs en scène les plus
libres, un simple moyen de présentation, une façon
accessoire de révéler des œuvres, une sorte d'intermède spectaculaire sans signification propre, elle ne
vaudra qu'autant qu'elle parviendra à se dissimuler
derrière les œuvres qu'elle prétend servir. Et cela
durera aussi longtemps que l'intérêt majeur d'une
œuvre représentée résidera dans son texte, aussi
longtemps qu'au théâtre — art de représentation, la
littérature prendra le pas sur la représentation
appelée improprement spectacle, avec tout ce que
cette dénomination entraîne de péjoratif, d'accessoire, d'éphémère et d'extérieur.

Voilà, il me semble, ce qui plus que toute autre
chose est une vérité première : c'est que le théâtre,
art indépendant et autonome, se doit pour ressusciter, ou simplement pour vivre, de bien marquer ce
qui le différencie d'avec le texte, d'avec la parole
pure, d'avec la littérature, et tous autres moyens
écrits et fixés.

On peut très bien continuer à concevoir un
théâtre basé sur la prépondérance du texte, et sur
un texte de plus en plus verbal, diffus et assom-
mant auquel l'esthétique de la scène serait soumise.

Mais cette conception qui consiste à faire asseoir

des personnages sur un certain nombre de chaises ou de fauteuils placés en rang, et à se raconter des histoires si merveilleuses soient-elles, n'est peut-être pas la négation absolue du théâtre, qui n'a pas absolument besoin du mouvement pour être ce qu'il doit être, elle en serait plutôt la perversion.

Que le théâtre soit devenu chose essentiellement psychologique, alchimie intellectuelle de senti-ments, et que le summum de l'art en matière dramatique ait fini par consister en un certain idéal de silence et d'immobilité, ce n'est pas autre chose que la perversion sur la scène de l'idée de concen-tration.

Mais cette concentration du jeu employée parmi tant de moyens d'expression par les Japonais, par exemple, ne vaut que comme un moyen parmi tant d'autres. Et en faire sur la scène un but, c'est s'abstenir de se servir de la scène, comme quel-qu'un qui aurait les pyramides pour y loger le cadavre d'un pharaon et qui, sous prétexte que le cadavre du pharaon tient dans une niche, se contenterait de la niche, et ferait sauter les pyra-mides.

Il ferait sauter en même temps tout le système philosophique et magique dont la niche n'est que le point de départ et le cadavre la condition.

D'autre part, le metteur en scène qui soigne son décor au détriment du texte a tort, moins tort peut-être que le critique qui incrimine son souci exclusif de mise en scène.

Car en soignant la mise en scène qui est dans une pièce de théâtre la partie véritablement et spécifiquement théâtrale du spectacle, le metteur en scène demeure dans la ligne vraie du théâtre qui est affaire de réalisation. Mais les uns et les autres jouent sur les mots ; car si le terme de mise en scène a pris avec l'usage ce sens dépréciatif, c'est affaire à notre conception européenne du théâtre qui donne le pas au langage articulé sur tous les autres moyens de représentation.

Il n'est pas absolument prouvé que le langage des mots soit le meilleur possible. Et il semble que sur la scène qui est avant tout un espace à remplir et un endroit où il se passe quelque chose, le langage des mots doive céder la place au langage par signes dont l'aspect objectif est ce qui nous frappe immédiatement le mieux.

Considéré sous cet angle le travail objectif de la mise en scène reprend une sorte de dignité intellectuelle du fait de l'effacement des mots derrière les gestes, et du fait que la partie plastique et esthétique du théâtre abandonne son caractère d'intermède décoratif pour devenir au propre sens du mot *un langage* directement communicatif.

En d'autres termes, s'il est vrai que dans une pièce faite pour être parlée le metteur en scène a tort de s'égarer sur des effets de décors plus ou moins savamment éclairés, sur des jeux de groupes, sur des mouvements furtifs, tous effets on pourrait dire épidermiques et qui ne font que surcharger le texte, il est ce faisant beaucoup plus près de la réalité concrète du théâtre que l'auteur qui aurait pu s'en tenir au livre, sans recourir à la scène dont les nécessités spatiales semblent lui échapper.

On pourra m'objecter la haute valeur dramatique de tous les grands tragiques chez qui c'est bien le côté littéraire, ou en tout cas parlé qui semble dominer.

A cela je répondrai que si nous nous montrons aujourd'hui tellement incapables de donner d'Eschyle, de Sophocle, de Shakespeare une idée digne d'eux, c'est très vraisemblablement que nous avons perdu le sens de la physique de leur théâtre. C'est que le côté directement humain et agissant d'une diction, d'une gesticulation, de tout un rythme scénique nous échappe. Côté qui devrait avoir autant sinon plus d'importance que l'admirable dissection parlée de la psychologie de leurs héros.

C'est par ce côté, par le moyen de cette gesticulation précise qui se modifie avec les époques et qui actualise les sentiments que l'on peut retrouver la profonde humanité de leur théâtre.

Mais cela serait-il, et cette physique existerait-elle réellement que j'affirmerais encore qu'aucun de ces grands tragiques n'est le théâtre lui-même, qui est affaire de matérialisation scénique et qui ne vit que de matérialisation. Que l'on dise si l'on veut que le théâtre est un art inférieur, — et c'est à voir ! — mais le théâtre réside dans une certaine façon de meubler et d'animer l'air de la scène, par une conflagration en un point donné de sentiments, de sensations humaines, créateurs de situations suspendues, mais exprimées en des gestes concrets.

Et encore plus loin que cela, ces gestes concrets doivent être d'une efficacité assez forte pour faire oublier jusqu'à la nécessité du langage parlé. Or si le langage parlé existe il ne doit être qu'un moyen de rebondissement, un relais de l'espace agité ; et le ciment des gestes doit à force d'efficacité humaine passer jusqu'à la valeur d'une véritable abstraction.

En un mot le théâtre doit devenir une sorte de démonstration expérimentale de l'identité profonde du concret et de l'abstrait.

Car à côté de la culture par mots il y a la culture par gestes. Il y a d'autres langages au monde que notre langage occidental qui a opté pour le dépouillement, pour le dessèchement des idées et où les idées nous sont présentées à l'état inerte sans ébranler au passage tout un système d'analogies naturelles comme dans les langages orientaux.

Il est juste que le théâtre demeure le lieu de passage le plus efficace et le plus actif de ces immenses ébranlements analogiques où l'on arrête les idées au vol et à un point quelconque de leur transmutation dans l'abstrait.

Il ne peut y avoir de théâtre complet qui ne tienne compte de ces transformations cartilagineuses d'idées; qui, à des sentiments connus et tout faits, n'ajoute l'expression d'états d'esprit appartenant au domaine de la demi-conscience, et que les suggestions des gestes exprimeront toujours avec plus de bonheur que les déterminations précises et localisées des mots.

Il semble en un mot que la plus haute idée du théâtre qui soit est celle qui nous réconcilie philosophiquement avec le Devenir, qui nous suggère à travers toutes sortes de situations objectives l'idée furtive du passage et de la transmutation des idées dans les choses, beaucoup plus que celles de la transformation et du heurt des sentiments dans les mots.

Il semble encore et c'est bien d'une volonté semblable que le théâtre est sorti, qu'il ne doive faire intervenir l'homme et ses appétits que dans la mesure et sous l'angle sous lequel magnétiquement il se rencontre avec son destin. Non pour le subir, mais pour se mesurer avec lui.

DEUXIÈME LETTRE

Paris, 28 septembre 1932.

A J. P.[2]

Cher ami,

Je ne crois pas que mon Manifeste une fois lu
vous puissiez persévérer dans votre objection ou
alors c'est que vous ne l'aurez pas lu ou que vous
l'aurez mal lu. Mes spectacles n'auront rien à voir
avec les improvisations de Copeau. Si fort qu'ils
plongent dans le concret, dans le dehors, qu'ils
prennent pied dans la nature ouverte et non dans
les chambres fermées du cerveau, ils ne sont pas
pour cela livrés au caprice de l'inspiration inculte et
irréfléchie de l'acteur; surtout de l'acteur moderne
qui, sorti du texte, plonge et ne sait plus rien. Je
n'aurais garde de livrer à ce hasard le sort de mes
spectacles et du théâtre. Non.

Voici ce qui va en réalité se passer. Il ne s'agit de
rien moins que de changer le point de départ de la
création artistique, et de bouleverser les lois habituelles du théâtre. Il s'agit de substituer au langage
articulé un langage différent de nature, dont les
possibilités expressives équivaudront au langage des

mots, mais dont la source sera prise à un point encore plus enfoui et plus reculé de la pensée.

De ce nouveau langage la grammaire est encore à trouver. Le geste en est la matière et la tête; et si l'on veut l'alpha et l'oméga. Il part de la NÉCESSITÉ de parole beaucoup plus que de la parole déjà formée. Mais trouvant dans la parole une impasse, il revient au geste de façon spontanée. Il effleure en passant quelques-unes des lois de l'expression matérielle humaine. Il plonge dans la nécessité. Il refait poétiquement le trajet qui a abouti à la création du langage. Mais avec une conscience multipliée des mondes remués par le langage de la parole et qu'il fait revivre dans tous leurs aspects. Il remet à jour les rapports inclus et fixés dans les stratifications de la syllabe humaine, et que celle-ci en se refermant sur eux a tués. Toutes les opérations par lesquelles le mot a passé pour signifier cet Allumeur d'incendie dont Feu le Père comme d'un bouclier nous garde et devient ici sous la forme de Jupiter la contraction latine du Zeus-Pater grec, toutes ces opérations par cris, par onomatopées, par signes, par attitudes, et par de lentes, abondantes et passionnées modulations nerveuses, plan par plan, et terme par terme, il les refait. Car je pose en principe que les mots ne veulent pas tout dire et que par nature et à cause de leur caractère déterminé, fixé une fois pour toutes, ils arrêtent et paralysent la pensée au lieu d'en permettre, et d'en favoriser le développement. Et par développement j'entends de véritables qualités concrètes, étendues, quand nous sommes dans un monde concret et étendu. Ce langage vise donc à enserrer et à utiliser l'étendue, c'est-à-dire l'espace, et en l'utilisant, à le faire parler : je prends les objets, les choses de l'étendue comme des images, comme des mots, que j'assemble et que je fais se répondre l'un l'autre suivant les lois du symbolisme et des vivantes analogies. Lois éternelles qui sont celles de toute poésie et de tout langage viable; et entre autres choses celles des idéogrammes de la Chine et des vieux hiéroglyphes égyptiens. Donc loin de restreindre les possibilités du théâtre et du langage, sous prétexte que je ne jouerai pas de pièces écrites, j'étends le langage de la scène, j'en multiplie les possibilités.

J'ajoute au langage parlé un autre langage et j'essaie de rendre sa vieille efficacité magique, son efficacité envoûtante, intégrale au langage de la parole dont on a oublié les mystérieuses possibilités. Quand je dis que je ne jouerai pas de pièce écrite, je veux dire que je ne jouerai pas de pièce basée sur l'écriture et la parole, qu'il y aura dans les spectacles que je monterai une part physique prépondérante, laquelle ne saurait se fixer et s'écrire dans le langage habituel des mots; et que même la partie parlée et écrite le sera dans un sens nouveau.

Le théâtre à l'inverse de ce qui se pratique ici, ici c'est-à-dire en Europe, ou mieux, en Occident, ne sera plus basé sur le dialogue, et le dialogue lui-même pour le peu qu'il en restera ne sera pas rédigé, fixé a priori, mais sur la scène; il sera fait sur la scène, créé sur la scène, en corrélation avec l'autre langage, et avec les nécessités, des attitudes, des signes, des mouvements et des objets. Mais tous ces tâtonnements objectifs se produisant à même la matière, où la Parole apparaîtra comme une nécessité, comme le résultat d'une série de compressions, de heurts, de frottements scéniques, d'évolutions de toutes sortes, — (ainsi le théâtre redeviendra une opération authentique vivante, il conservera cette sorte de palpitation émotive sans laquelle l'art est gratuit) —, tous ces tâtonnements, ces recherches, ces chocs, aboutiront tout de même à une œuvre, à une composition *inscrite*, fixée dans ses moindres détails, et notée avec des moyens de notation nouveaux. La composition, la création, au lieu de se faire dans le cerveau d'un auteur, se feront dans la nature même, dans l'espace réel, et le résultat définitif demeurera aussi rigoureux et aussi déterminé que celui de n'importe quelle œuvre écrite, avec une immense richesse objective en plus.

P.-S. — Ce qui appartient à la mise en scène doit être repris par l'auteur, et ce qui appartient à l'auteur doit être rendu également à l'auteur, mais devenu lui aussi metteur en scène de manière à faire cesser cette absurde dualité qui existe entre le metteur en scène et l'auteur.

Un auteur qui ne frappe pas directement la matière scénique, qui n'évolue pas sur la scène en s'orientant et en faisant subir au spectacle la force de son orientation, a trahi en réalité sa mission. Et il est juste que l'acteur le remplace. Mais c'est alors tant pis pour le théâtre qui ne peut que souffrir de cette usurpation.

Le temps théâtral qui s'appuie sur le souffle tantôt se précipite dans une volonté d'expiration majeure, tantôt se replie et s'amenuise dans une inspiration féminine et prolongée. Un geste arrêté fait courir un grouillement forcené et multiple, et ce geste porte en lui-même la magie de son évocation.

Mais s'il nous plaît de fournir des suggestions concernant la vie énergique et animée du théâtre, nous n'aurions garde de fixer des lois.

Certes le souffle humain a des principes qui s'appuient tous sur les innombrables combinaisons des ternaires kabbalistiques. Il y a six ternaires principaux, mais des innombrables combinaisons de ternaires puisque c'est d'eux que toute vie est issue. Et le théâtre est justement le lieu où cette respiration magique est à volonté reproduite. Si la fixation d'un geste majeur commande autour de lui une respiration précipitée et multiple, cette même respiration grossie peut venir faire déferler ses ondes avec lenteur autour d'un geste fixe. Il y a des principes abstraits mais pas de loi concrète et plastique ; la seule loi c'est l'énergie poétique qui va du silence étranglé à la peinture précipitée d'un spasme, et de la parole individuelle *mezza voce* à l'orage pesant et ample d'un chœur lentement rassemblé.

Mais l'important est de créer des étages, des perspectives de l'un à l'autre langage. Le secret du théâtre dans l'espace c'est la dissonance, le décalage des timbres, et le désenchaînement dialectique de l'expression.

Pour qui a l'idée de ce que c'est qu'un langage, celui-là saura nous comprendre. Nous n'écrivons que pour celui-là. Nous donnons par ailleurs quelques précisions supplémentaires qui complètent le premier Manifeste du Théâtre de la Cruauté.

Tout l'essentiel ayant été dit dans le premier Manifeste, le second ne vise qu'à préciser certains points. Il donne une définition de la Cruauté utilisable et propose une description de l'espace scénique. On verra par la suite ce que nous en faisons.

TROISIÈME LETTRE

Paris, 9 novembre 1932.

A J. P. [2]

Cher ami,

Les objections qui vous ont été faites et qui m'ont été faites contre le Manifeste du Théâtre de la Cruauté concernent les unes la cruauté dont on ne voit pas très bien ce qu'elle vient faire dans mon théâtre, du moins comme élément essentiel, déterminant ; les autres le théâtre tel que je le conçois.

En ce qui concerne la première objection, je donne raison à ceux qui me la font, non par rapport à la cruauté, ni par rapport au théâtre, mais par rapport à la place que cette cruauté occupe dans mon théâtre. J'aurais dû spécifier l'emploi très particulier que je fais de ce mot, et dire que je l'emploie non dans un sens épisodique, accessoire, par goût sadique et perversion d'esprit, par amour des sentiments à part et des attitudes malsaines, donc pas du tout dans un sens circonstanciel ; il ne s'agit pas du tout de la cruauté vice, de la cruauté bourgeonnement d'appétits pervers et qui s'expriment par des gestes sanglants, telles des excroissances maladives sur une chair déjà contaminée; mais au contraire d'un sentiment détaché et pur, d'un véritable mouvement d'esprit, lequel serait calqué sur le geste de la vie même; et dans cette idée que la vie, métaphysiquement parlant et parce qu'elle admet l'étendue, l'épaisseur, l'alourdissement et la matière, admet, par conséquence directe, le mal et tout ce qui est inhérent au mal, à l'espace, à l'étendue et à la matière. Tout ceci aboutissant à la conscience et au tourment, et à la conscience dans le tourment. Et quelque aveugle rigueur qu'apportent avec elles toutes ces contingences, la vie ne peut manquer de s'exercer, sinon elle ne serait pas la vie; mais cette rigueur, et cette vie qui passe outre et s'exerce dans la torture et le piétinement de tout, ce sentiment implacable et pur, c'est cela qui est la cruauté.

J'ai donc dit « cruauté », comme j'aurais dit « vie » ou comme j'aurais dit « nécessité », parce que je veux indiquer surtout que pour moi le théâtre est acte et émanation perpétuelle, qu'il n'y a en lui rien de figé, que je l'assimile à un acte vrai, donc vivant, donc magique.

Et je cherche techniquement et pratiquement tous les moyens de rapprocher le théâtre de l'idée supérieure, et peut-être excessive, en tout cas vivante et violente que je m'en fais.

Pour ce qui est de la rédaction du Manifeste elle-même, je reconnais qu'elle est abrupte et en grande partie manquée.

Je pose des principes rigoureux, inattendus, d'aspect rébarbatif et terrible, et au moment où l'on s'attend à me voir les justifier je passe au principe suivant.

Pour tout dire, la dialectique de ce Manifeste est faible. Je saute sans transition d'une idée à l'autre. Aucune nécessité intérieure ne justifie la disposition adoptée.

En ce qui concerne la dernière objection, je prétends que le metteur en scène, devenu une sorte de démiurge, et avec derrière la tête cette idée de pureté implacable, d'aboutissement à tout prix, s'il veut être vraiment metteur en scène, donc homme de matière et d'objets, doit cultiver dans le domaine physique une recherche du mouvement intense, du geste pathétique et précis, qui équivaut sur le plan psychologique à la rigueur morale la plus absolue et la plus entière, et sur le plan cosmique au déchaînement de certaines forces aveugles, qui actionnent ce qu'elles doivent actionner et broient et brûlent au passage ce qu'elles doivent broyer et brûler.

Et voici la conclusion générale.

Le théâtre n'est plus un art; ou il est un art inutile. Il est en tout point conforme à l'idée occidentale de l'art. Nous sommes excédés de sentiments décoratifs et vains, d'activités sans but,

"art" - décor^{ve}, pointless, disinterd

uniquement vouées à l'agrément et au pittoresque;
nous voulons un théâtre qui agisse, mais sur un
plan justement à définir.

Nous avons besoin d'action vraie, mais sans
conséquence pratique. Ce n'est pas sur le plan
social que l'action du théâtre s'étend. Encore moins
sur le plan moral et psychologique.

On voit par là que le problème n'est pas simple;
mais on nous rendra au moins cette justice que si
chaotique, impénétrable et rébarbatif que soit notre
Manifeste il n'esquive pas la véritable question;
mais qu'au contraire il l'attaque de front, ce que
depuis longtemps aucun homme de théâtre n'a osé
faire. Nul jusqu'ici ne s'est attaqué au principe
même du théâtre, qui est métaphysique; et s'il y a
si peu de pièces de théâtre valables, ce n'est pas
faute de talent ou d'auteurs.

La question du talent mise à part, il y a dans le
théâtre européen une fondamentale erreur de principe; et cette erreur est liée à tout un ordre de
choses où l'absence de talent fait figure de conséquence et non de simple accident.

Si l'époque se détourne et se désintéresse du
théâtre, c'est que le théâtre a cessé de la représenter. Elle n'espère plus qu'il lui fournisse des
Mythes sur lesquels elle pourrait s'appuyer.

Nous vivons une époque probablement unique
dans l'histoire du monde, où le monde passé au

crible voit ses vieilles valeurs s'effondrer. La vie
calcinée se dissout par la base. Et cela sur le plan
moral ou social se traduit par un monstrueux
déchaînement d'appétits, une libération des plus
bas instincts, un crépitement de vies brûlées et qui
s'exposent prématurément à la flamme.

Ce qui est intéressant dans les événements
actuels ce ne sont pas les événements eux-mêmes,
mais cet état d'ébullition morale dans lequel ils font
tomber les esprits; ce degré de tension extrême.
C'est l'état de chaos conscient où ils ne cessent de
nous plonger.

Et tout cela qui ébranle l'esprit sans lui faire
perdre son équilibre est pour lui un moyen
pathétique de traduire le battement inné de la vie.

Eh bien, c'est de cette actualité pathétique et
mythique que le théâtre s'est détourné : et c'est à
juste titre que le public se détourne d'un théâtre
qui ignore à ce point l'actualité.

On peut donc reprocher au théâtre tel qu'il se
pratique un terrible manque d'imagination. Le
théâtre doit s'égaler à la vie, non pas à la vie
individuelle, à cet aspect individuel de la vie où
triomphent les CARACTÈRES, mais à une sorte de vie
libérée, qui balaye l'individualité humaine et où
l'homme n'est plus qu'un reflet. Créer des Mythes
voilà le véritable objet du théâtre, traduire la vie
sous son aspect universel, immense, et extraire de

cette vie des images où nous aimerions à nous retrouver.

Et arriver ce faisant à une espèce de ressemblance générale et si puissante qu'elle produise instantanément son effet.

Qu'elle nous libère, nous, dans un Mythe ayant sacrifié notre petite individualité humaine, tels des Personnages venus du Passé, avec des forces retrouvées dans le Passé.

QUATRIÈME LETTRE

Paris, 28 mai 1933.

A J. P. [2]

Cher ami,

Je n'ai pas dit que je voulais agir directement sur l'époque; j'ai dit que le théâtre que je voulais faire supposait pour être possible, pour être admis par l'époque, une autre forme de civilisation.

Mais sans représenter son époque il peut pousser à cette transformation profonde des idées, des mœurs, des croyances, des principes sur lesquels repose l'esprit du temps. Cela en tout cas ne m'empêche pas de faire ce que je veux faire et de le faire rigoureusement. Je ferai ce que j'ai rêvé, ou je ne ferai rien

Quant à la question du spectacle, il ne m'est pas possible de donner de précisions supplémentaires. Et ceci pour deux raisons :

1º La première est que pour une fois ce que je veux faire est plus facile à faire qu'à dire.

2º La seconde est que je ne veux pas risquer d'être plagié comme cela m'est arrivé plusieurs fois.

Pour moi nul n'a le droit de se dire auteur, c'est-à-dire créateur, que celui à qui revient le maniement direct de la scène. Et c'est justement ici que se place le point vulnérable du théâtre tel qu'on le considère non seulement en France mais en Europe et même dans tout l'Occident : le théâtre occidental ne reconnaît comme langage, n'attribue les facultés et les vertus d'un langage, ne permet de s'appeler langage, avec cette sorte de dignité intellectuelle qu'on attribue en général à ce mot, qu'au langage articulé, articulé grammaticalement, c'est-à-dire au langage de la parole, et de la parole écrite, de la parole qui, prononcée ou non prononcée, n'a pas plus de valeur que si elle était seulement écrite.

Dans le théâtre tel que nous le concevons ici le texte est tout. Il est entendu, il est définitivement admis, et cela est passé dans les mœurs et dans l'esprit, cela a rang de valeur spirituelle que le langage des mots est le langage majeur. Or, il faut bien admettre même au point de vue de l'Occident que la parole s'est ossifiée, que les mots, que tous les mots sont gelés, sont engoncés dans leur signification, dans une terminologie schématique et restreinte. Pour le théâtre, tel qu'il se pratique ici, un mot écrit a autant de valeur que le même mot prononcé. Ce qui fait dire à certains amateurs de théâtre qu'une pièce lue procure des joies autrement précises, autrement grandes que la même pièce représentée. Tout ce qui touche à l'énonciation particulière d'un mot, à la vibration qu'il peut répandre dans l'espace, leur échappe, et tout ce que, de ce fait, il est capable d'ajouter à la pensée. Un mot ainsi entendu n'a guère qu'une valeur discursive, c'est-à-dire d'élucidation. Et il n'est pas, dans ces conditions, exagéré de dire que vu sa terminologie bien définie et bien finie, le mot n'est fait que pour arrêter la pensée, il la cerne, mais la termine ; il n'est en somme qu'un aboutissement.

Ce n'est pas pour rien, on peut le voir, que la poésie s'est retirée du théâtre. Ce n'est pas par un simple hasard des circonstances si, depuis fort longtemps, tout poète dramatique a cessé de se manifester. Le langage de la parole a ses lois. On s'est trop habitué depuis quatre cents ans et plus, surtout en France, à n'employer les mots au théâtre que dans un sens de définition. On a trop fait tourner l'action autour de thèmes psychologiques dont les combinaisons essentielles ne sont pas innombrables, loin de là. On a trop habitué le théâtre à manquer de curiosité et surtout d'imagination.

Le théâtre, comme la parole, a besoin qu'on le laisse libre.

Cette obstination a faire dialoguer des personnages, sur des sentiments, des passions, des appétits et des impulsions d'ordre strictement psychologique, où un mot supplée à d'innombrables mimiques, puisque nous sommes dans le domaine de la précision, cette obstination est cause que le théâtre a perdu sa véritable raison d'être, et qu'on en est à souhaiter un silence, où nous pourrions mieux écouter la vie. C'est dans le dialogue que la psychologie occidentale s'exprime; et la hantise du mot clair et qui dit tout, aboutit au dessèchement des mots.

Le théâtre oriental a su conserver aux mots une certaine valeur expansive, puisque dans le mot le sens clair n'est pas tout, mais la musique de la parole, qui parle directement à l'inconscient. Et c'est ainsi que dans le théâtre oriental, il n'y a pas de langage de la parole, mais un langage de gestes, d'attitudes, de signes, qui au point de vue de la pensée en action a autant de valeur expansive et révélatrice que l'autre. Et qu'en Orient on met ce langage de signes au-dessus de l'autre, on lui attribue des pouvoirs magiques immédiats. On l'invite à s'adresser non seulement à l'esprit mais aux sens, et par les sens, à atteindre des régions encore plus riches et fécondes de la sensibilité en plein mouvement.

Si donc ici, l'auteur est celui qui dispose du langage de la parole, et si le metteur en scène est son esclave, il y a là une simple question de mots. Il y a une confusion sur les termes, venue de ce que, pour nous, et suivant le sens qu'on attribue généralement à ce terme de metteur en scène, celui-ci n'est qu'un artisan, un adaptateur, une sorte de traducteur éternellement voué à faire passer une œuvre dramatique d'un langage dans un autre; et cette confusion ne sera possible et le metteur en scène ne sera contraint de s'effacer devant l'auteur que tant qu'il demeurera entendu que le langage des mots est supérieur aux autres, et que le théâtre n'en admet pas d'autre que celui-là.

Mais que l'on en revienne si peu que ce soit aux sources respiratoires, plastiques, actives du langage, que l'on rattache les mots aux mouvements physiques qui leur ont donné naissance, et que le côté logique et discursif de la parole disparaisse sous son côté physique et affectif, c'est-à-dire que les mots au lieu d'être pris uniquement pour ce qu'ils veulent dire grammaticalement parlant soient entendus sous leur angle sonore, soient perçus comme des mouvements, et que ces mouvements eux-mêmes s'assimilent à d'autres mouvements directs et simples comme nous en avons dans toutes les circonstances de la vie et comme sur la scène les acteurs n'en ont pas assez, et voici que le langage de la littérature se recompose, devient vivant; et à côté de cela comme dans les toiles de certains vieux peintres les objets se mettent eux-mêmes à parler. La lumière au lieu de faire décor prend les apparences d'un véritable langage et les choses de la scène toutes bourdonnantes de signification s'ordonnent, montrent des figures. Et de ce langage immédiat et physique le metteur en scène dispose seul. Et voilà pour lui une occasion de créer dans une sorte d'autonomie complète.

Il serait tout de même singulier que dans un domaine plus près de la vie que l'autre, celui qui est maître dans ce domaine, c'est-à-dire le metteur en scène, doive en toute occasion céder le pas à l'auteur qui par essence travaille dans l'abstrait, c'est-à-dire sur le papier. Même s'il r 'y avait pas à l'actif de la mise en scène le langage des gestes qui égale et surpasse celui des mots, n'importe quelle mise en scène muette devrait avec son mouvement, ses personnages multiples, ses éclairages, ses décors, rivaliser avec ce qu'il y a de plus profond dans des peintures comme *les Filles de Loth* de Lucas de Leyde, comme certains *Sabbats* de Goya, certaines *Résurrections* et *Transfigurations* du Greco, comme la *Tentation de saint Antoine* de Jérôme Bosch, et l'inquiétante et mystérieuse *Dulle Griet* de Brueghel le Vieux où une lueur torrentielle et rouge, bien que localisée dans certaines parties de la toile, semble sourdre de tous les côtés, et par je ne sais quel procédé technique bloquer à un mètre de la toile l'œil médusé du spectateur. Et de toutes parts le théâtre y grouille. Une agitation de vie arrêtée par un cerne de lumière blanche vient tout à coup buter sur des bas-fonds innommés. Un bruit livide et grinçant s'élève de cette bacchanale de larves où des meurtrissures de peau humaine ne rendent jamais la même couleur. La vraie vie est mouvante et blanche; la vie cachée est livide et fixe, elle possède toutes les attitudes possibles d'une innombrable immobilité. C'est du théâtre muet mais qui parle beaucoup plus que s'il avait reçu un langage pour s'exprimer. Toutes ces peintures sont à double sens, et en dehors de leur côté purement pictural elles comportent un enseignement et révèlent des aspects mystérieux ou terribles de la nature et de l'esprit.

Mais heureusement pour le théâtre, la mise en scène est beaucoup plus que cela. Car en dehors d'une représentation avec des moyens matériels et épais, la mise en scène pure contient par des gestes, par des jeux de physionomie et des attitudes mobiles, par une utilisation concrète de la musique, tout ce que contient la parole, et en plus elle dispose aussi de la parole. Des répétitions rythmiques de syllabes, des modulations particulières de la voix enrobant le sens précis des mots, précipitent en plus grand nombre les images dans le cerveau, à la faveur d'un état plus ou moins hallucinatoire, et imposent à la sensibilité et à l'esprit une manière d'altération organique qui contribue à enlever à la poésie écrite la gratuité qui la caractérise communément. Et c'est autour de cette gratuité que se rassemble tout le problème du théâtre.

LE THÉÂTRE DE LA CRUAUTÉ[1]

(Second manifeste)

Avoué ou non avoué, conscient ou inconscient, l'état poétique, un état transcendant de vie, est au fond ce que le public recherche à travers l'amour, le crime, les drogues, la guerre ou l'insurrection.

Le Théâtre de la Cruauté a été créé pour ramener au théâtre la notion d'une vie passionnée et convulsive; et c'est dans ce sens de rigueur violente, de condensation extrême des éléments scéniques qu'il faut entendre la cruauté sur laquelle il veut s'appuyer.

Cette cruauté, qui sera, quand il le faut, sanglante, mais qui ne le sera pas systématiquement, se confond donc avec la notion d'une sorte d'aride pureté morale qui ne craint pas de payer la vie le prix qu'il faut la payer.

1º AU POINT DE VUE DU FOND

c'est-à-dire des sujets et des thèmes traités :

Le Théâtre de la Cruauté choisira des sujets et des thèmes qui répondent à l'agitation et à l'inquiétude caractéristiques de notre époque.

Il compte ne pas abandonner au cinéma le soin de dégager les Mythes de l'homme et de la vie modernes. Mais il le fera d'une manière qui lui soit propre, c'est-à-dire que, par opposition avec le glissement économique, utilitaire et technique du monde, il remettra à la mode les grandes préoccupations et les grandes passions essentielles que le théâtre moderne a recouvertes sous le vernis de l'homme faussement civilisé.

Ces thèmes seront cosmiques, universels, interprétés d'après les textes les plus antiques, pris aux vieilles cosmogonies mexicaine, hindoue, judaïque, iranienne, etc.

Renonçant à l'homme psychologique, au caractère et aux sentiments bien tranchés, c'est à l'homme total, et non à l'homme social, soumis aux lois et déformé par les religions et les préceptes, qu'il s'adressera.

Et dans l'homme il fera entrer non seulement le recto mais aussi le verso de l'esprit ; la réalité de l'imagination et des rêves y apparaîtra de plain-pied avec la vie.

En outre, les grands bouleversements sociaux, les conflits de peuple à peuple et de race à race, les forces naturelles, l'intervention du hasard, le magnétisme de la fatalité, s'y manifesteront soit indirectement sous l'agitation et les gestes de personnages grandis à la taille de dieux, de héros, ou de monstres, aux dimensions mythiques, soit directement, sous la forme de manifestations matérielles obtenues par des moyens scientifiques nouveaux.

Ces dieux ou héros, ces monstres, ces forces naturelles et cosmiques seront interprétés d'après les images des textes sacrés les plus antiques, et des vieilles cosmogonies.

2° AU POINT DE VUE DE LA FORME

En outre, cette nécessité pour le théâtre de se retremper aux sources d'une poésie éternellement passionnante et sensible pour les parties les plus reculées et les plus distraites du public, étant réalisée par le retour aux vieux Mythes primitifs, nous demanderons à la mise en scène et non au texte le soin de matérialiser et surtout *actualiser* ces vieux conflits, c'est-à-dire que ces thèmes seront transportés directement sur le théâtre et matérialisés en mouvements, en expressions et en gestes avant d'être coulés dans les mots.

Ainsi, nous renoncerons à la superstition théâtrale du texte et à la dictature de l'écrivain.

Et c'est ainsi que nous rejoignons le vieux spectacle populaire traduit et senti directement par l'esprit, en dehors des déformations du langage et de l'écueil de la parole et des mots.

Nous comptons baser le théâtre avant tout sur le spectacle et dans le spectacle nous introduirons une notion nouvelle de l'espace utilisé sur tous les plans possibles et à tous les degrés de la perspective en profondeur et en hauteur, et à cette notion viendra s'adjoindre une idée particulière du temps ajoutée à celle du mouvement :

Dans un temps donné, au plus grand nombre de mouvements possible, nous joindrons le plus grand nombre d'images physiques et de significations possible attachées à ces mouvements.

Les images et les mouvements employés ne seront pas là seulement pour le plaisir extérieur des yeux ou de l'oreille, mais pour celui plus secret et plus profitable de l'esprit.

Ainsi l'espace théâtral sera utilisé, non seulement dans ses dimensions et dans son volume, mais, si l'on peut dire, *dans ses dessous*.

Le chevauchement des images et des mouvements aboutira, par des collusions d'objets, de silences, de cris et de rythmes, à la création d'un véritable langage physique à base de signes et non plus de mots.

Car il faut entendre que, dans cette quantité de

mouvements et d'images pris dans un temps donné, nous faisons intervenir aussi bien le silence et le rythme, qu'une certaine vibration et une certaine agitation matérielle, composée d'objets et de gestes réellement faits et réellement utilisés. Et l'on peut dire que l'esprit des plus antiques hiéroglyphes présidera à la création de ce langage théâtral pur.

N'importe quel public populaire a toujours été friand d'expressions directes et d'images ; et la parole articulée, les expressions verbales explicites interviendront dans toutes les parties claires et nettement élucidées de l'action, dans les parties où la vie se repose et où la conscience intervient.

Mais, à côté de ce sens logique, les mots seront pris dans un sens incantatoire, vraiment magique, — pour leur forme, leurs émanations sensibles, et non plus seulement pour leur sens.

Car ces apparitions effectives de monstres, ces débauches de héros et de dieux, ces manifestations plastiques de forces, ces interventions explosives d'une poésie et d'un humour chargés de désorganiser et de pulvériser les apparences, selon le principe anarchique, analogique de toute véritable poésie, ne posséderont leur vraie magie que dans une atmosphère de suggestion hypnotique où l'esprit est atteint par une pression directe sur les sens.

Si, dans le théâtre digestif d'aujourd'hui, les nerfs, c'est-à-dire une certaine sensibilité physiologique, sont laissés délibérément de côté, livrés à l'anarchie individuelle du spectateur, le Théâtre de la Cruauté compte en revenir à tous les vieux moyens éprouvés et magiques de gagner la sensibilité.

Ces moyens, qui consistent en des intensités de couleurs, de lumières ou de sons, qui utilisent la vibration, la trépidation, la répétition soit d'un rythme musical, soit d'une phrase parlée, qui font intervenir la tonalité ou l'enveloppement communicatif d'un éclairage, ne peuvent obtenir leur plein effet que par l'utilisation des *dissonances*.

Mais ces dissonances, au lieu de les limiter à l'emprise d'un seul sens, nous les ferons chevaucher d'un sens à l'autre, d'une couleur à un son, d'une parole à un éclairage, d'une trépidation de gestes à une tonalité plane de sons, etc., etc.

Le spectacle, ainsi composé, ainsi construit, s'étendra, par suppression de la scène, à la salle entière du théâtre et, parti du sol, il gagnera les murailles sur de légères passerelles, enveloppera matériellement le spectateur, le maintiendra dans un bain constant de lumière, d'images, de mouvements et de bruits. Le décor sera constitué par les personnages eux-mêmes, grandis à la taille de mannequins gigantesques, par des paysages de lumières mouvantes jouant sur des objets et des masques en perpétuel déplacement.

Et, de même qu'il n'y aura pas de répit, ni de place inoccupée dans l'espace, il n'y aura pas de répit, ni de place vide dans l'esprit ou la sensibilité du spectateur. C'est-à-dire qu'entre la vie et le théâtre, on ne trouvera plus de coupure nette, plus de solution de continuité. Et qui a vu tourner la moindre scène de film, comprendra exactement ce que nous voulons dire.

Nous voulons disposer, pour un spectacle de théâtre, des mêmes moyens matériels qui, en éclairage, en figuration, en richesses de toutes sortes, sont journellement gaspillés pour des bandes, sur lesquelles tout ce qu'il y a d'actif, de magique dans un pareil déploiement, est à jamais perdu.

⋆⋆

Le premier spectacle du Théâtre de la Cruauté s'intitulera :

LA CONQUÊTE DU MEXIQUE[2]

Il mettra en scène des événements et non des hommes. Les hommes viendront à leur place avec leur psychologie et leurs passions, mais pris comme l'émanation de certaines forces, et sous l'angle des événements et de la fatalité historique où ils ont joué leur rôle.

Ce sujet a été choisi :

1º A cause de son actualité et pour toutes les allusions qu'il permet à des problèmes d'un intérêt vital pour l'Europe et pour le monde.

Au point de vue historique, *la Conquête du Mexique* pose la question de la colonisation. Elle fait revivre de façon brutale, implacable, sanglante, la fatuité toujours vivace de l'Europe. Elle permet de dégonfler l'idée qu'elle a de sa propre supériorité. Elle oppose le christianisme à des religions beaucoup plus vieilles. Elle fait justice des fausses conceptions que l'Occident a pu avoir du paganisme et de certaines religions naturelles et elle souligne d'une manière pathétique, brûlante, la splendeur et la poésie toujours actuelle du vieux fonds métaphysique sur lequel ces religions sont bâties.

2º En posant la question terriblement actuelle de la colonisation et du droit qu'un continent croit avoir d'en asservir un autre, elle pose la question de la supériorité, réelle, celle-là, de certaines races sur d'autres et montre la filiation interne qui relie le génie d'une race à des formes précises de civilisation. Elle oppose la tyrannique anarchie des colonisateurs à la profonde harmonie morale des futurs colonisés.

Ensuite, en face du désordre de la monarchie européenne de l'époque, basée sur les principes matériels les plus injustes et les plus épais, elle éclaire la hiérarchie organique de la monarchie aztèque établie sur d'indiscutables principes spirituels.

Du point de vue social, elle montre la paix d'une société qui savait donner à manger à tout le monde, et où la Révolution était, depuis les origines, accomplie.

De ce heurt du désordre moral et de l'anarchie catholique avec l'ordre païen, elle peut faire jaillir des conflagrations inouïes de forces et d'images, semées de-ci de-là de dialogues brutaux. Et ceci par des luttes d'homme à homme portant en eux comme des stigmates les idées les plus opposées.

Le fond moral et l'intérêt d'actualité d'un tel spectacle étant suffisamment soulignés, on insistera sur la valeur spectaculaire des conflits qu'il veut mettre en scène.

Il y a d'abord les luttes intérieures de Montézuma, le roi déchiré, sur les mobiles duquel l'histoire s'est montrée incapable de nous éclairer.

On montrera de façon picturale, objective, ses luttes et sa discussion symbolique avec les mythes visuels de l'astrologie.

Enfin, en dehors de Montézuma, il y a la foule, les couches diverses de la société, la révolte du peuple contre le destin, représenté par Montézuma, les clameurs des incrédules, les arguties des philosophes et des prêtres, les lamentations des poètes, la trahison des commerçants et des bourgeois, la duplicité et la veulerie sexuelle des femmes.

L'esprit des foules, le souffle des événements se déplaceront en ondes matérielles sur le spectacle, fixant de-ci de-là certaines lignes de force, et sur ces ondes, la conscience amoindrie, révoltée ou désespérée de quelques-uns surnagera comme un fétu.

Théâtralement, le problème est de déterminer et d'harmoniser ces lignes de force, de les concentrer et d'en extraire de suggestives mélodies.

Ces images, ces mouvements, ces danses, ces rites, ces musiques, ces mélodies tronquées, ces dialogues qui tournent court, seront soigneusement notés et décrits autant qu'il se peut avec des mots et principalement dans les parties non dialoguées du spectacle, le principe étant d'arriver à noter ou à chiffrer, comme sur une partition musicale, ce qui ne se décrit pas avec des mots.

UN ATHLÉTISME AFFECTIF[1]

Il faut admettre pour l'acteur une sorte de musculature affective qui correspond à des localisations physiques des sentiments.

Il en est de l'acteur comme d'un véritable athlète physique, mais avec ce correctif surprenant qu'à l'organisme de l'athlète correspond un organisme affectif analogue, et qui est parallèle à l'autre, qui est comme le double de l'autre bien qu'il n'agisse pas sur le même plan.

L'acteur est un athlète du cœur.

Pour lui aussi intervient cette division de l'homme total en trois mondes; et la sphère affective lui appartient en propre.

Elle lui appartient organiquement.

Les mouvements musculaires de l'effort sont comme l'effigie d'un autre effort en double, et qui dans les mouvements du jeu dramatique se localisent sur les mêmes points.

Là où l'athlète s'appuie pour courir, c'est là que l'acteur s'appuie pour lancer une imprécation spasmodique, mais dont la course est rejetée vers l'intérieur.

Toutes les surprises de la lutte, du pancrace, du cent mètres, du saut en hauteur, trouvent dans le mouvement des passions des bases organiques analogues, elles ont les mêmes points physiques de sustentation.

Avec pourtant ce nouveau correctif qu'ici le mouvement est inverse et qu'en ce qui concerne, par exemple, la question du souffle, là où chez l'acteur le corps est appuyé par le souffle, chez le lutteur, chez l'athlète physique c'est le souffle qui s'appuie sur le corps.

Cette question du souffle est en effet primordiale, elle est en rapport inverse avec l'importance du jeu extérieur.

Plus le jeu est sobre et rentré, plus le souffle est large et dense, substantiel, surchargé de reflets.

Alors qu'à un jeu emporté, volumineux, et qui s'extériorise correspond un souffle aux lames courtes et écrasées.

Il est certain qu'à chaque sentiment, à chaque mouvement de l'esprit, à chaque bondissement de l'affectivité humaine correspond un souffle qui lui appartient.

Or les temps du souffle ont un nom que nous

enseigne la Kabbale; c'est eux qui donnent au cœur humain sa forme; et leur sexe aux mouvements des passions.

L'acteur n'est qu'un empirique grossier, un rebouteux qu'un instinct mal diffusé guide.

Pourtant il ne s'agit pas quoi qu'on en pense de lui apprendre à déraisonner.

Il s'agit d'en finir avec cette espèce d'ignorance hagarde au milieu de laquelle tout le théâtre contemporain avance, comme au milieu d'une ombre, où il ne cesse pas de trébucher. — L'acteur doué trouve dans son instinct de quoi capter et faire rayonner certaines forces; mais ces forces qui ont leur trajet matériel d'organes et *dans les organes,* on l'étonnerait fort si on lui révélait qu'elles existent car il n'a jamais pensé qu'elles aient pu un jour exister.

Pour se servir de son affectivité comme le lutteur utilise sa musculature, il faut voir l'être humain comme un Double, comme le Kha des Embaumés de l'Égypte, comme un spectre perpétuel où rayonnent les forces de l'affectivité.

Spectre plastique et jamais achevé dont l'acteur vrai singe les formes, auquel il impose les formes et l'image de sa sensibilité.

C'est sur ce double que le théâtre influe, cette effigie spectrale qu'il modèle, et comme tous les spectres ce double a le souvenir long. La mémoire du cœur est durable et certes c'est avec son cœur que l'acteur pense, mais ici le cœur est prépondérant.

Ce qui veut dire qu'au théâtre plus que partout ailleurs c'est du monde affectif que l'acteur doit prendre conscience, mais en attribuant à ce monde des vertus qui ne sont pas celles d'une image, et comportent un sens matériel.

Que l'hypothèse soit exacte ou non, l'important est qu'elle soit vérifiable.

On peut physiologiquement réduire l'âme à un écheveau de vibrations.

On peut, ce spectre d'âme, le voir comme intoxiqué des cris qu'il propage, sinon à quoi correspondraient les *mamtrams* hindous, ces consonances, ces accentuations mystérieuses, où les dessous matériels de l'âme traqués jusque dans leurs repaires viennent dire leurs secrets au grand jour.

La croyance en une matérialité fluidique de l'âme est indispensable au métier de l'acteur. Savoir qu'une passion est de la matière, qu'elle est sujette aux fluctuations plastiques de la matière, donne sur les passions un empire qui étend notre souveraineté.

Rejoindre les passions par leurs forces, au lieu de les considérer comme des abstractions pures, confère à l'acteur une maîtrise qui l'égale à un vrai guérisseur.

Savoir qu'il y a pour l'âme une issue corporelle, permet de rejoindre cette âme en sens inverse; et d'en retrouver l'être, par des sortes de mathématiques analogies.

Connaître le secret du *temps* des passions, de cette espèce de *tempo* musical qui en réglemente le battement harmonique, voilà un aspect du théâtre auquel notre théâtre psychologique moderne n'a certes pas songé depuis longtemps.

Or ce *tempo* par analogie se retrouve; et il se retrouve dans les six façons de répartir et de conserver le souffle ainsi qu'un précieux élément.

Tout souffle quel qu'il soit a trois temps, de même qu'il y a à la base de toute création trois principes qui dans le souffle même peuvent trouver la figure qui leur correspond.

La Kabbale répartit le souffle humain en six principaux arcanes dont le premier qu'on appelle le Grand Arcane est celui de la création :

ANDROGYNE	MÂLE	FEMELLE
ÉQUILIBRÉ	EXPANSIF	ATTRACTIF
NEUTRE	POSITIF	NÉGATIF

J'ai donc eu l'idée d'employer la connaissance des souffles non seulement au travail de l'acteur, mais à la préparation du métier de l'acteur. — Car si la connaissance des souffles éclaire la couleur de l'âme, elle peut à plus forte raison provoquer l'âme, en faciliter l'épanouissement.

Il est certain que si le souffle accompagne l'effort, la production mécanique du souffle fera naître dans l'organisme qui travaille une qualité correspondante d'effort.

L'effort aura la couleur et le rythme du souffle artificiellement produit.

L'effort par sympathie accompagne le souffle et suivant la qualité de l'effort à produire une émission préparatoire de souffle rendra facile et spontané cet effort. J'insiste sur le mot spontané, car le souffle rallume la vie, il l'embrase dans sa substance.

Ce que le souffle volontaire provoque c'est une réapparition spontanée de la vie. Comme une voix dans des couloirs infinis aux bords desquels des guerriers dorment. La cloche du matin ou le buccin de la guerre agissent pour les jeter régulièrement dans la mêlée. Mais qu'un enfant tout à coup crie « au loup » et voici que les mêmes guerriers se réveillent. Ils se réveillent au milieu de la nuit. Fausse alerte : les soldats vont rentrer. Mais non : ils se heurtent à des groupes hostiles, ils sont tombés dans un vrai guêpier. C'est en rêve que l'enfant a crié. Son inconscient plus sensible et qui flotte s'est heurté à un troupeau d'ennemis. Ainsi par des moyens détournés, le mensonge provoqué du théâtre tombe sur une réalité plus redoutable que l'autre et que la vie n'avait pas soupçonnée.

Ainsi par l'acuité aiguisée des souffles l'acteur creuse sa personnalité.

Car le souffle qui nourrit la vie permet d'en remonter par échelons les stades. Et un sentiment que l'acteur n'a pas, il peut y repénétrer par le souffle, à condition d'en combiner judicieusement les effets; et de ne pas se tromper de sexe. Car le souffle est mâle ou femelle; et il est moins souvent androgyne. Mais on peut avoir à dépeindre de précieux états arrêtés.

Le souffle accompagne le sentiment et on peut pénétrer dans le sentiment par le souffle; à condition d'avoir su discriminer dans les souffles celui qui convient à ce sentiment.

Il y a, nous l'avons dit, six combinaisons principales des souffles.

NEUTRE	MASCULIN	FÉMININ
NEUTRE	FÉMININ	MASCULIN
MASCULIN	NEUTRE	FÉMININ
FÉMININ	NEUTRE	MASCULIN
MASCULIN	FÉMININ	NEUTRE
FÉMININ	MASCULIN	NEUTRE

Et un septième état qui est au-dessus des souffles et qui par la porte de la Guna supérieure, l'état de Sattwa, joint le manifesté au non-manifesté.

Que si quelqu'un prétend que l'acteur n'étant pas métaphysicien par essence n'a pas à se préoccuper de ce septième état, nous répondrons que selon nous, et bien que le théâtre soit le symbole parfait et le plus complet de la manifestation universelle, l'acteur porte en lui le principe de cet état, de ce chemin de sang par lequel il pénètre dans tous les autres chaque fois que ses organes en puissance se réveillent de leur sommeil.

Certes la plupart du temps l'instinct est là pour suppléer à cette absence d'une notion qu'on ne peut définir; et il n'est pas besoin de tomber de si haut pour émerger dans les passions médianes comme celles dont le théâtre contemporain est rempli. Aussi le système des souffles n'est-il point fait pour les passions médianes. Et ce n'est pas à une déclaration d'amour adultère que nous prépare la culture répétée des souffles suivant un procédé maintes fois employé.

C'est à une qualité subtile de cris, c'est à des revendications désespérées de l'âme que nous prédispose une émission sept et douze fois répétée.

Et ce souffle nous le localisons, nous le répartissons dans des états de contraction et de décontraction combinés. Nous nous servons de notre corps comme d'un crible où passent la volonté et le relâchement de la volonté.

Le temps de penser à vouloir et nous projetons avec force un temps mâle, suivi sans solution de continuité trop sensible d'un temps féminin prolongé.

Le temps de penser à ne pas vouloir ou même de ne pas penser et voici qu'un souffle féminin fatigué nous fait aspirer une touffeur de cave, la moite haleine d'une forêt; et sur le même temps prolongé nous émettons une expiration pesante; cependant les muscles de notre corps entier, vibrant par régions de muscles, n'ont pas cessé de travailler.

L'important est de prendre conscience de ces localisations de la pensée affective. Un moyen de reconnaissance est l'effort; et les mêmes points sur lesquels porte l'effort physique sont aussi ceux sur lesquels porte l'émanation de la pensée affective. Les mêmes servent de tremplin à l'émanation d'un sentiment.

Il est à noter que tout ce qui est féminin, ce qui est abandon, angoisse, appel, invocation, ce qui tend vers quelque chose dans un geste de supplication, s'appuie aussi sur les points de l'effort, mais comme un plongeur talonne les bas-fonds sous-marins pour remonter à la surface : il y a comme un jet de vide à la place où était la tension.

Mais dans ce cas le masculin revient hanter la

place du féminin comme une ombre; tandis que lorsque l'état affectif est mâle, le corps intérieur compose une sorte de géométrie inverse, une image de l'état retourné.

Prendre conscience de l'obsession physique, des muscles frôlés par l'affectivité, équivaut comme pour le jeu des souffles à déchaîner cette affectivité en puissance, à lui donner une ampleur sourde mais profonde, et d'une violence inaccoutumée.

Il apparaît ainsi que n'importe quel acteur, et le moins doué, peut par cette connaissance physique augmenter la densité intérieure et le volume de son sentiment, et une traduction étoffée suit cette prise de possession organique.

Il n'est pas mauvais dans ce but de connaître quelques points de localisation.

L'homme qui soulève des poids, c'est avec ses reins qu'il les soulève, c'est d'un déhanchement des reins qu'il étaye la force multipliée de ses bras; et il est assez curieux de constater qu'inversement tout sentiment féminin et qui creuse, le sanglot, la désolation, le halètement spasmodique, la transe, c'est à hauteur des reins qu'il réalise son vide, à la place même où l'acupuncture chinoise diffuse les engorgements du rein. Puisque la médecine chinoise ne procède que par vide et par plein. Convexe et concave. Tendu relâché. *Yin* et *Yang*. Masculin féminin.

Un autre point rayonnant : le point de la colère, de l'attaque, de la morsure, c'est le centre du plexus solaire. C'est là que s'appuie la tête pour lancer moralement son venin.

Le point de l'héroïsme et du sublime est aussi celui de la culpabilité. Celui où l'on se frappe la poitrine. L'endroit où bout la colère, celle qui rage et n'avance pas.

Mais là où la colère avance, la culpabilité recule ; c'est le secret du vide et du plein.

Une colère suraiguë et qui s'écartèle commence par un neutre claquant et se localise sur le plexus par un vide rapide et féminin, puis bloquée sur les deux omoplates se retourne comme un boomerang et jette sur place des flammèches mâles, mais qui se consument sans avancer. Pour perdre leur accent mordant elles conservent la corrélation du souffle mâle : elles expirent avec acharnement

· Je n'ai voulu donner que des exemples autour des quelques principes féconds qui font la matière de cet écrit technique. D'autres dresseront s'ils en ont le temps la complète anatomie du système. Il y a trois cent quatre-vingts points dans l'acupuncture chinoise, dont soixante-treize principaux et qui servent à la thérapeutique courante. Il y a beaucoup moins d'issues grossières à notre humaine affectivité.

Beaucoup moins d'appuis que l'on puisse indiquer et où baser l'athlétisme de l'âme.

Le secret est d'exacerber ces appuis comme une musculature que l'on écorche.

Le reste est achevé par des cris.

★*★*★

Il faut pour refaire la chaîne, la chaîne d'un temps où le spectateur dans le spectacle cherchait sa propre réalité, permettre à ce spectateur de s'identifier avec le spectacle, souffle par souffle et temps par temps.

Ce spectateur ce n'est pas assez que la magie du spectacle l'enchaîne, elle ne l'enchaînera pas si on ne sait pas *où le prendre*. C'est assez d'une magie hasardeuse, d'une poésie qui n'a pas la science pour l'étayer.

Au théâtre poésie et science doivent désormais s'identifier.

Toute émotion a des bases organiques. C'est en cultivant son émotion dans son corps que l'acteur en recharge la densité voltaïque.

Savoir par avance les points du corps qu'il faut toucher c'est jeter le spectateur dans des transes magiques. Et c'est de cette sorte précieuse de science que la poésie au théâtre s'est depuis longtemps déshabituée.

Connaître les localisations du corps, c'est donc refaire la chaîne magique.

Et je peux avec l'hiéroglyphe d'un souffle retrouver une idée du théâtre sacré.

N. B. — N'importe qui ne sait plus crier en Europe, et spécialement les acteurs en transe ne savent plus pousser de cris. Pour des gens qui ne savent plus que parler et qui ont oublié qu'ils avaient un corps au théâtre, ils ont oublié également l'usage de leur gosier. Réduits à des gosiers anormaux ce n'est même pas un organe mais une abstraction monstrueuse qui parle : les acteurs en France ne savent plus que parler.

DEUX NOTES

I. — LES FRÈRES MARX [1]

Le premier film des Marx Brothers que nous ayons vu ici : *Animal Crackers*, m'est apparu, et il a été regardé par tout le monde comme une *chose extraordinaire*, comme la libération par le moyen de l'écran d'une magie particulière que les rapports coutumiers des mots et des images ne révèlent d'habitude pas, et s'il est un état caractérisé, un degré poétique distinct de l'esprit qui se puisse appeler *surréalisme*, *Animal Crackers* y participait entièrement.

Dire en quoi cette sorte de magie consiste est difficile, c'est en tout cas quelque chose qui n'est pas spécifiquement cinématographique peut-être, mais qui n'appartient pas non plus au théâtre et dont seuls certains poèmes surréalistes réussis, *s'il en était*, pourraient donner une idée. La qualité poétique d'un film comme *Animal Crackers* pour-

rait répondre à la définition de l'humour, si ce mot
n'avait depuis longtemps perdu son sens de libération intégrale, de déchirement de toute réalité dans
l'esprit.

Pour comprendre l'originalité puissante, totale,
définitive, absolue (je n'exagère pas, j'essaie simplement de définir, et tant pis si l'enthousiasme
m'entraîne) d'un film comme *Animal Crackers*, et
par moments (en tout cas dans toute la partie de la
fin) comme *Monkey Business*, il faudrait ajouter à
l'humour la notion d'un quelque chose d'inquiétant
et de tragique, d'une fatalité (ni heureuse ni
malheureuse, mais pénible à formuler) qui se
glisserait derrière lui comme la révélation d'une
maladie atroce sur un profil d'une absolue beauté.

Nous retrouvons dans *Monkey Business* les frères
Marx, chacun avec son type à lui, sûrs d'eux et
prêts, on le sent, à se colleter avec les circonstances,
mais là où dans *Animal Crackers*, et dès le début,
chaque personnage perdait la face, on assiste ici et
pendant les trois quarts du film à des ébats de
clowns qui s'amusent et font des blagues, quelques-
unes d'ailleurs très réussies, et ce n'est qu'à la fin
que les choses se corsent, que les objets, les
animaux, les sons, le maître et ses domestiques,
l'hôte et ses invités, que tout cela s'exaspère, rue et
entre en révolte, sous les commentaires à la fois
extasiés et lucides de l'un des frères Marx, soulevé

par l'esprit qu'il a pu enfin déchaîner et dont il
semble le commentaire stupéfié et passager. Rien
n'est à la fois hallucinant et terrible comme cette
espèce de chasse à l'homme, comme cette bataille
de rivaux, comme cette poursuite dans les ténèbres
d'une étable à bœufs, d'une grange où de toutes
parts les toiles d'araignée pendent, tandis
qu'hommes, femmes et bêtes dénouent leur ronde
et se retrouvent au milieu d'un amoncellement
d'objets hétéroclites dont le *mouvement* ou dont le
bruit serviront chacun à leur tour.

Que dans *Animal Crackers* une femme se ren-
verse tout à coup, les jambes en l'air, sur un divan,
et montre, l'espace d'un instant, tout ce que nous
aurions voulu voir, qu'un homme se jette brusquement dans un salon sur une femme, fasse avec elle
quelques pas de danse et la fesse ensuite en
cadence, il y a là comme l'exercice d'une sorte de
liberté intellectuelle où l'inconscient de chacun des
personnages, comprimé par les conventions et les
usages, se venge, et venge le nôtre en même temps,
mais que dans *Monkey Business* un homme traqué
se jette sur une belle femme qu'il rencontre et
danse avec elle, *poétiquement,* dans une sorte de
recherche du charme et de la grâce des attitudes, ici
la revendication spirituelle apparaît double, et
montre tout ce qu'il y a de poétique et peut-être de
révolutionnaire dans les blagues des Marx Brothers.

Mais que la musique sur laquelle danse le couple de l'homme traqué et de la belle femme soit une musique de nostalgie et d'évasion, *une musique de délivrance,* indique assez le côté dangereux de toutes ces blagues humoristiques, et que l'esprit poétique quand il s'exerce tend toujours à une espèce d'anarchie bouillante, à une désagrégation intégrale du réel par la poésie.

Si les Américains, à l'esprit de qui ce genre de films appartient, ne veulent entendre ces films qu'humoristiquement, et en matière d'humour ne se tiennent jamais que sur les marges faciles et comiques de la signification de ce mot, c'est tant pis pour eux, mais cela ne nous empêchera pas de considérer la fin de *Monkey Business* comme un hymne à l'anarchie et à la révolte intégrale, cette fin qui met le braiment d'un veau au même rang intellectuel et lui attribue la même qualité de douleur lucide qu'au cri d'une femme qui a peur, cette fin où dans les ténèbres d'une grange sale, deux valets ravisseurs triturent comme il leur plaît les épaules nues de la fille de leur maître, et traitent d'égal à égal avec le maître désemparé, tout cela au milieu de l'ébriété, intellectuelle elle aussi, des pirouettes des Marx Brothers. Et le triomphe de tout cela est dans la sorte d'exaltation à la fois visuelle et sonore que tous ces événements prennent dans les ténèbres, dans le degré de

vibrations auquel ils atteignent, et dans la sorte
d'inquiétude puissante que leur rassemblement
finit par projeter dans l'esprit.

II. — AUTOUR D'UNE MÈRE [2]

Action dramatique de Jean-Louis Barrault.

Il y a dans le spectacle de Jean-Louis Barrault
une sorte de merveilleux *cheval-centaure*, et notre
émotion devant lui a été grande comme si avec son
entrée de *cheval-centaure* Jean-Louis Barrault nous
avait ramené la magie.

Ce spectacle est magique comme sont magiques
les incantations de sorciers nègres quand la langue
qui bat le palais fait la pluie sur un paysage; quand,
devant le malade épuisé, le sorcier qui donne à son
souffle la forme d'un malaise étrange, chasse le mal
avec le souffle; et c'est ainsi que dans le spectacle
de Jean-Louis Barrault, au moment de la mort de
la mère, un concert de cris prend la vie.

Je ne sais pas si une telle réussite est un chef-
d'œuvre; en tout cas c'est un événement. Il faut
saluer comme un événement une telle transformation d'atmosphère, où un public hérissé plonge tout
à coup en aveugle et qui le désarme invinciblement.

Il y a dans ce spectacle une force secrète et qui

gagne le public comme un grand amour gagne une âme toute prête à la rébellion.

Un jeune et grand amour, une jeune vigueur, une effervescence spontanée et toute vive circulent à travers des mouvements rigoureux, à travers une gesticulation stylisée et mathématique comme un ramage d'oiseaux chanteurs à travers des colonnades d'arbres, dans une forêt magiquement alignée.

C'est là, dans cette atmosphère sacrée, que Jean-Louis Barrault improvise les mouvements d'un cheval sauvage, et qu'on a tout à coup la surprise de le voir devenu cheval.

Son spectacle prouve l'action irrésistible du geste, il démontre victorieusement l'importance du geste et du mouvement dans l'espace. Il redonne à la perspective théâtrale l'importance qu'elle n'aurait pas dû perdre. Il fait de la scène enfin un lieu pathétique et vivant.

C'est par rapport à la scène et *sur* la scène que ce spectacle est organisé : il ne peut vivre que sur la scène. Mais il n'est pas un point de la perspective scénique qui n'y prenne un sens émouvant.

Il y a dans cette gesticulation animée, dans ce déroulement discontinu de figures, une sorte d'appel direct et physique; quelque chose de convaincant comme un dictame, et que la mémoire n'oubliera pas.

On n'oubliera plus la mort de la mère, avec ses cris qui reprennent à la fois dans l'espace et dans le temps, l'épique traversée de la rivière, la montée du feu dans les gorges d'hommes à laquelle sur le plan du geste répond une autre montée du feu, et surtout cette espèce d'homme-cheval qui circule à travers la pièce, comme si l'esprit même de la Fable était redescendu parmi nous.

Seul jusqu'ici le Théâtre Balinais semblait avoir gardé une trace de cet esprit perdu.

Qu'importe que Jean-Louis Barrault ait ramené l'esprit religieux avec des moyens descriptifs et profanes, si tout ce qui est authentique est sacré ; si ses gestes sont tellement beaux qu'ils en prennent un sens symbolique.

Certes, il n'y a pas de symboles dans le spectacle de Jean-Louis Barrault. Et si l'on peut faire un reproche à ses gestes, c'est de nous donner l'illusion du symbole, alors qu'ils cernent la réalité ; et c'est ainsi que leur action, pour violente qu'elle soit et active, demeure en somme sans prolongements.

Elle est sans prolongements parce qu'elle est seulement descriptive, parce qu'elle raconte des faits extérieurs où les âmes n'interviennent pas ; parce qu'elle ne touche pas au vif des pensées ni des âmes, et c'est là, beaucoup plus que dans la question de savoir si cette forme de théâtre est théâtrale que réside le reproche qu'on peut lui faire.

Du théâtre elle a les moyens, — car le théâtre qui ouvre un champ physique demande qu'on remplisse ce champ, qu'on en meuble l'espace avec des gestes, qu'on fasse vivre cet espace en lui-même et magiquement, qu'on y dégage une volière de sons, qu'on y trouve des rapports nouveaux entre le son, le geste et la voix, — et l'on peut dire que c'est cela le théâtre, ce que Jean-Louis Barrault en a fait.

Mais d'autre part, du théâtre cette réalisation n'a pas la tête, je veux dire le drame profond, le mystère plus profond que les âmes, le conflit déchirant des âmes où le reste n'est plus qu'un chemin. Là où l'homme n'est plus qu'un point et où les vies boivent à leur source. Mais qui a bu à la source de vie [3] ?

Le théâtre de Séraphin

LE THÉÂTRE DE SÉRAPHIN[1]

à Jean Paulhan.

*Il y a assez de détails pour qu'on comprenne.
Préciser serait gâter la poésie de la chose.*

NEUTRE
FÉMININ
MASCULIN

Je veux essayer un féminin terrible. Le cri de la révolte qu'on piétine, de l'angoisse armée en guerre, et de la revendication.

C'est comme la plainte d'un abîme qu'on ouvre : la terre blessée crie, mais des voix s'élèvent, profondes comme le trou de l'abîme, et qui sont le trou de l'abîme qui crie.

Neutre. Féminin. Masculin.

Pour lancer ce cri je me vide.

Non pas d'air, mais de la puissance même du

bruit. Je dresse devant moi mon corps d'homme. Et ayant jeté sur lui « l'œil » d'une mensuration horrible, place par place je le force à rentrer en moi.

Ventre d'abord. C'est par le ventre qu'il faut que le silence commence, à droite, à gauche, au point des engorgements herniaires, là où opèrent les chirurgiens.

Le *Masculin* pour faire sortir le cri de la force appuierait d'abord à la place des engorgements, commanderait l'irruption des poumons dans le souffle et du souffle dans les poumons.

Ici, hélas, c'est tout le contraire et la guerre que je veux faire vient de la guerre qu'on me fait à moi.

Et il y a dans mon *Neutre* un massacre! Vous comprenez, il y a l'image enflammée d'un massacre qui alimente ma guerre à moi. Ma guerre est nourrie d'une guerre, et elle crache sa guerre à soi.

Neutre. Féminin. Masculin. Il y a dans ce neutre un recueillement, la volonté à l'affût de la guerre, et qui va faire sortir la guerre, de la force de son ébranlement.

Le Neutre parfois est inexistant. C'est un Neutre de repos, de lumière, d'espace enfin.

Entre deux souffles, le vide *s'étend,* mais alors c'est comme un espace qu'il s'étend.

Ici c'est un vide asphyxié. Le vide serré d'une

gorge, où la violence même du râle a bouché la respiration.

C'est dans le ventre que le souffle descend et crée son vide d'où il le relance au sommet des poumons.

Cela veut dire : pour crier je n'ai pas besoin de la force, je n'ai besoin que de la faiblesse, et la volonté partira de la faiblesse, mais vivra, pour recharger la faiblesse de toute la force de la revendication.

Et pourtant, et c'est ici le secret, *comme au théâtre,* la force ne sortira pas. Le masculin actif sera comprimé. Et il gardera la volonté énergique du souffle. Il la gardera pour le corps entier, et pour l'extérieur il y aura un tableau de la *disparition* de la force auquel les sens croiront assister.

Or, du vide de mon ventre j'ai atteint le vide qui menace le sommet des poumons.

De là sans solution de continuité sensible le souffle tombe sur les reins, d'abord à gauche, c'est un cri féminin, puis à droite, au point où l'acupuncture chinoise pique la fatigue nerveuse, quand elle indique un mauvais fonctionnement de la rate, des viscères, quand elle révèle une intoxication.

Maintenant je peux remplir mes poumons dans un bruit de cataracte, dont l'irruption détruirait

mes poumons, si le cri que j'ai voulu pousser n'était
un rêve.

Massant les deux points du vide sur le ventre, et
de là, sans passer aux poumons, massant les deux
points *un peu au-dessus* des reins, ils ont fait naître
en moi l'image de ce cri armé en guerre, de ce
terrible cri souterrain.

Pour ce cri il faut que je tombe.

C'est le cri du guerrier foudroyé qui dans un
bruit de glaces ivre froisse en passant les murailles
brisées.

Je tombe.

Je tombe mais je n'ai pas peur.

Je rends ma peur dans le bruit de la rage, dans
un solennel barrissement.

Neutre. Féminin. Masculin.

Le Neutre était pesant et fixé. Le Féminin est
tonitruant et terrible, comme l'aboiement d'un
fabuleux molosse, trapu comme les colonnes caver-
neuses, compact comme l'air qui mure les voûtes
gigantesques du souterrain.

Je crie en rêve, mais je sais que je rêve, et sur les
deux côtés du rêve je fais régner ma volonté.

Je crie dans une armature d'os, dans les cavernes

de ma cage thoracique qui aux yeux médusés de ma tête prend une importance démesurée.

Mais avec ce cri foudroyé, pour crier il faut que je tombe.

Je tombe dans un souterrain et je ne sors pas, je ne sors plus.

Plus jamais *dans le Masculin*.

Je l'ai dit : le Masculin n'est rien. Il garde de la force, mais il m'ensevelit dans la force.

Et pour le dehors c'est une claque, une larve d'air, un globule sulfureux qui explose dans l'eau, ce masculin, le soupir d'une bouche fermée et au moment où elle se ferme.

Quand tout l'air a passé dans le cri et qu'il ne reste plus rien pour le visage. De cet énorme barrissement de molosse, le visage féminin et fermé vient tout juste de se désintéresser.

Et c'est ici que les cataractes commencent.

Ce cri que je viens de lancer *est* un rêve.

Mais un rêve qui mange le rêve.

Je suis bien dans un souterrain, je respire, avec les souffles appropriés, ô merveille, et c'est moi l'acteur.

L'air autour de moi est immense, mais bouché, car de toutes parts la caverne est murée.

J'imite un guerrier médusé, tombé tout seul dans les cavernes de la terre·et qui crie frappé par la peur.

Or le cri que je viens de lancer appelle un trou de silence d'abord, de silence qui se rétracte, puis le bruit d'une cataracte, un bruit d'eau, c'est dans l'ordre, car le bruit est lié au théâtre. C'est ainsi que dans tout vrai théâtre, procède le rythme bien compris.

LE THÉÂTRE DE SÉRAPHIN :

Cela veut dire qu'il y a de nouveau *magie de vivre;* que l'air du souterrain qui est ivre, comme une armée reflue de ma bouche fermée à mes narines grandes ouvertes, dans un terrible bruit guerrier.

Cela veut dire que quand je joue mon cri a cessé de tourner sur lui-même, mais qu'il éveille son double de sources dans les murailles du souterrain.

Et ce double est plus qu'un écho, il est le souvenir d'un langage dont le théâtre a perdu le secret.

Grand comme une conque, bon à tenir dans le

creux de la main, ce secret; c'est ainsi que la Tradition parle.

Toute la magie d'exister aura passé dans une seule poitrine quand les Temps se seront refermés.

Et cela sera tout près d'un grand cri, d'une source de voix humaine, une seule et isolée voix humaine, comme un guerrier qui n'aura plus d'armée.

Pour dépeindre le cri que j'ai rêvé, pour le dépeindre avec les paroles vives, avec les mots appropriés, et pour, bouche à bouche et souffle à souffle, le faire passer non dans l'oreille, mais dans la poitrine du spectateur.

Entre le personnage qui s'agite en moi quand, acteur, j'avance sur une scène et celui que je suis quand j'avance dans la réalité, il y a une différence de degré certes, mais au profit de la réalité théâtrale.

Quand je vis je ne me sens pas vivre. Mais quand je joue c'est là que je me sens exister.

Qu'est-ce qui m'empêcherait de croire au rêve du théâtre quand je crois au rêve de la réalité?

Quand je rêve je fais quelque chose et au théâtre je fais quelque chose.

Les événements du rêve conduits par ma conscience profonde m'apprennent le sens des événements de la veille où la fatalité toute nue me conduit.

Or le théâtre est comme une grande veille, où c'est moi qui conduis la fatalité.

Mais [dans] ce théâtre où je mène ma fatalité personnelle et qui a pour point de départ le souffle, et qui s'appuie après le souffle sur le son ou sur le cri, il faut pour refaire la chaîne, la chaîne d'un temps où le spectateur dans le spectacle cherchait sa propre réalité, permettre à ce spectateur de s'identifier avec le spectacle, souffle par souffle et temps par temps.

Ce spectateur ce n'est pas assez que la magie du spectacle l'enchaîne, elle ne l'enchaînera pas si on ne sait pas où le prendre. C'est assez d'une magie hasardeuse, d'une poésie qui n'a plus la science pour l'étayer.

Au théâtre poésie et science doivent désormais s'identifier.

Toute émotion a des bases organiques. C'est en cultivant son émotion dans son corps que l'acteur en recharge la densité voltaïque.

Savoir par avance les points du corps qu'il faut toucher c'est jeter le spectateur dans les transes magiques.

Et c'est [de] cette sorte précieuse de science que

la poésie au théâtre s'est depuis longtemps déshabituée.

Connaître les localisations du corps, c'est donc refaire la chaîne magique.

Et je veux avec l'hiéroglyphe d'un souffle retrouver une idée du théâtre sacré [2].

Mexico, 5 avril 1936 [3].

Notes

LE THÉÂTRE ET SON DOUBLE

Le Théâtre et son Double parut dans la collection *Métamorphoses* (Gallimard) le 7 février 1938. Cet ouvrage réunissait les écrits d'Antonin Artaud sur le théâtre depuis 1932 — textes publiés dans *la Nouvelle Revue Française*, conférences, manifestes, extraits de lettres.

C'est en 1935 qu'Antonin Artaud songe à réunir ces textes en volume, à l'époque où il vient d'écrire *les Cenci* et où il cherche une salle afin d'y monter cette tragédie. *Il y a là un ensemble de textes dont je tiens à ce qu'ils paraissent au plus tôt*, écrit-il à Jean Paulhan le 22 février 1935. Après l'arrêt des représentations des *Cenci* aux Folies-Wagram, Antonin Artaud n'a plus qu'un désir : partir pour le Mexique. Avant son départ, il écrit encore : *Théâtre oriental et Théâtre occidental, Un athlétisme affectif, le Théâtre de Séraphin,* et une note sur le spectacle de Jean-Louis Barrault : *Autour d'une mère,* tous textes qu'il veut ajouter au volume en préparation. Du bateau qui l'emmène au Mexique, le 25 janvier 1936, il écrit à Jean Paulhan qu'il a *trouvé pour [son] livre le titre qui convient. Ce sera : LE THÉÂTRE ET SON DOUBLE.* De retour du Mexique et avant de se lancer dans l'aventure irlandaise, il en corrige les épreuves.

Lorsque *le Théâtre et son Double* paraîtra, Antonin Artaud sera interné à Sainte-Anne.

Page 11 :   PRÉFACE

1. Nous n'avons pas d'indication précise quant à la date où fut écrite cette préface. Bien qu'Antonin Artaud, dans les lettres qu'il écrivit à Jean Paulhan, et avant son départ pour le Mexique et lors du séjour qu'il fit, au sujet de la composition du *Théâtre et son Double*, ait insisté plusieurs fois à propos des textes inédits qui devaient faire partie de l'ouvrage, à aucun moment il ne fait allusion à une *Préface*. Il est probable qu'elle est postérieure aux autres textes. Son contenu prouve, d'ailleurs, qu'elle n'a pu être écrite qu'après étude, par Antonin Artaud, de la civilisation mexicaine. Or, c'est en 1933 qu'il rédige le premier texte consacré au Mexique : *la Conquête du Mexique*. Plus tard, après l'échec des *Cenci*, il décide de tenter l'aventure mexicaine et c'est alors qu'il étudie sérieusement la cosmogonie et la civilisation mexicaines. Peut-être, à ce moment-là, songea-t-il à écrire une préface (trois schémas retrouvés semblent avoir été écrits avant son départ). Mais si ce projet avait été mené à bien, il est à peu près certain qu'il y aurait eu une indication à ce sujet quand il envoya, le 6 janvier 1936, le sommaire du *Théâtre et son Double* à Jean Paulhan. Il n'est donc pas impossible qu'il ait écrit ce texte seulement après son retour à Paris et qu'il l'ait ajouté aux dernières épreuves. Le 13 avril 1937, il écrit d'ailleurs à Jean Paulhan : *J'ai reçu les épreuves du « Théâtre et son Double ». Je tiens beaucoup à ce que la Préface soit imprimée en italiques. Je la récris d'ailleurs.* On peut rapprocher certaines idées exposées dans cette préface à une notion de la culture qu'il découvrit au Mexique.

Page 21 :   LE THÉÂTRE ET LA PESTE

1. *Le Théâtre et la Peste*, texte d'une conférence faite par

Antonin Artaud à la Sorbonne le 6 avril 1933, fut d'abord publié dans *la Nouvelle Revue Française* (n° 253, 1ᵉʳ octobre 1934).

2. Des notes prises par Antonin Artaud, très probablement dans quelque ouvrage médical, prouvent que c'est une description clinique de la peste qu'il a voulu faire dans ce paragraphe et celui qui précède.

Page 49 :   LA MISE EN SCÈNE
                 ET LA MÉTAPHYSIQUE

1. *La Mise en scène et la Métaphysique*, texte d'une conférence faite par Antonin Artaud à la Sorbonne le 10 décembre 1931.

C'est en septembre 1931 qu'Antonin Artaud remarque au Louvre le tableau de Lucas de Leyde. *Avez-vous remarqué au Louvre les peintures d'un certain Lucas van den Leyden. Ce n'est pas sans ressemblances avec le Théâtre Balinais*, écrit-il à Jean Paulhan le 6 septembre 1937. D'ailleurs, le manuscrit original de cette conférence, qui nous a été communiqué par Colette Allendy, s'intitule *Peinture*. Le texte en fut publié dans *la Nouvelle Revue Française* (n° 221, 1ᵉʳ février 1932).

2. C'est *épars* que l'on lit dans le manuscrit, et non *espars*. Mais il est certain que le mot juste, ici, est *espars*, qu'Antonin Artaud a dû rétablir par la suite. *Epars* en terme de mer se dit de petits éclairs qui ne sont pas suivis de coups de tonnerre. Ce mot a aussi un autre sens : c'est une pièce de bois transversale qui sert à tenir l'écartement de deux autres pièces plus longues. Quant à *espar*, c'est aussi un terme de marine : longue pièce de sapin dont on fait de petits mâts, des bouts-dehors de vergue, etc. Et sur le tableau de Lucas de Leyde, ce sont les mâts des navires en train de couler qui frappent l'œil.

3. Si l'on compare le tableau de Lucas de Leyde et la description qu'Antonin Artaud en fait, on s'aperçoit que nombre de détails ont été réinventés par lui. Tout se passe comme s'il créait une nouvelle *mise en scène* du sujet.

4. *Monkey Business.*

5. Antonin Artaud faisait grand cas des ouvrages de René Guénon. *Orient et Occident* et *les États multiples de l'Être* avaient attiré plus particulièrement son attention.

6. Le groupe *l'Effort* avait organisé, le mardi 8 décembre 1931, un débat intitulé *Destin du théâtre,* auquel Antonin Artaud avait participé.

Page 73 :   LE THÉÂTRE ALCHIMIQUE

1. *Le Théâtre alchimique* fut publié, traduit en espagnol, sous le titre *el Teatro alquimico* dans la revue *Sur* (n⁰ 6, otoño 1932, Ano II) à Buenos Aires. A la fin du texte, précédant le nom de son auteur, une date : *Paris, septiembre de 1932.* Ce texte avait été demandé à Antonin Artaud par Jules Supervielle, à qui est vraisemblablement destiné un projet de lettre, daté du 17 mars 1932, qui en contient une première ébauche. Le début de cette lettre nous explique pourquoi tant de textes d'Antonin Artaud sont écrits sous forme de lettres ou sont des extraits de lettres : *Permettez-moi de vous adresser mon article sous forme de lettre. C'est le seul moyen que j'ai de lutter contre un sentiment absolument paralysant de gratuité et d'en venir à bout depuis plus d'un mois que j'y pense.* Peu de jours après, il ajoute ce post-scriptum à une lettre adressée à Jean Paulhan : *Si vous voyez J. Supervielle dites-lui qu'il ne désespère pas au sujet de son article. Je suis en train de le faire, mais je le récris sans cesse, comme pour tout ce que je fais. Il me faut du temps et des épreuves larvées innombrables avant de* trouver ma forme.

Page 81 :   SUR LE THÉÂTRE BALINAIS

1. La première partie de ce texte fut publiée dans *la Nouvelle Revue Française* (n° 217, 1ᵉʳ octobre 1931) sous le titre : *Le Théâtre Balinais, à l'Exposition coloniale*, mais elle fut rédigée au début du mois d'août 1931. Le manuscrit, très visiblement recopié par Antonin Artaud, porte en effet cette date : *Mardi-mercredi, 11-12 août 1931*.

La seconde partie est composée de notes extraites de lettres et de divers manuscrits. En particulier, tout le passage, depuis : *C'est quelque chose qu'on ne peut aborder de front...* (p. 87) jusqu'à : *... et définitivement stylisé* (p. 91), est extrait d'une lettre adressée à Jean Paulhan d'Argenton-le-Château un samedi, probablement le 15 août 1931.

Quant aux notes qui composent la fin du texte, elles sont extraites de sept manuscrits différents (l'un est un projet de lettre à Jean Paulhan daté du 5 août 1931). Quatre documents dactylographiés, revus par Antonin Artaud, nous montrent de quelle façon il a ordonné ces notes.

2. Dans le n° 218 (1ᵉʳ novembre 1931) de *la Nouvelle Revue Française*, on trouve cet erratum : *Les premières lignes de la note d'Antonin Artaud sur le théâtre Balinais (N.R.F., 1ᵉʳ oct.) doivent se lire comme suit : Le premier spectacle...* Nous avons cru devoir rétablir la version de l'erratum, bien qu'inexplicablement il n'en ait pas été tenu compte lors de la publication du *Théâtre et son Double*.

Le premier paragraphe, dans le n° 217 de *la Nouvelle Revue Française* et dans le manuscrit Allendy se lisait ainsi :

Le spectacle du théâtre Balinais qui tient de la danse, du chant, de la pantomime, — et un peu du théâtre tel que nous l'entendons ici — restitue, suivant des procédés d'une efficacité éprouvée et sans doute millénaires, à sa destination primitive, le théâtre qu'il nous présente comme une combinaison de tous ces éléments fondus ensemble sous l'angle de l'hallucination et de la peur.

3. C'est ici que se termine le texte publié dans *la Nouvelle Revue Française*.

La pièce à laquelle il est fait allusion est probablement *les Mystères de l'Amour*, par Roger Vitrac.

4. Dans le manuscrit comme dans la copie dactylographiée qui y correspond on trouve seulement, entre deux lignes de points, cette première phrase. Il semble bien que la fin du paragraphe et les deux courts paragraphes suivants aient été ajoutés par Antonin Artaud, lors des corrections d'épreuves en 1937. On pourrait d'ailleurs rapprocher le ton de ces trois dernières phrases de celui des *Nouvelles Révélations de l'Être*, écrites en 1937, avant le départ d'Antonin Artaud pour l'Irlande.

Page 105 :   THÉÂTRE ORIENTAL
ET THÉÂTRE OCCIDENTAL

1. Texte mentionné pour la première fois par Antonin Artaud dans une lettre datée du 29 décembre 1935 adressée à Jean Paulhan : *Il faudra [...] intercaler un texte que détient Mlle Marchessaux et qu'il faudrait lui faire demander. Ce texte s'intitule* Théâtre oriental & théâtre occidental. (Mlle Marchessaux était alors chef de fabrication à *la Nouvelle Revue Française*.)

2. Nous n'avons pas trouvé le texte d'où Antonin Artaud avait tiré cette citation. En effet, elle ne se trouve dans aucun des textes connus de nous, publiés avant 1935. Est-elle extraite d'un texte qu'Antonin Artaud aurait remis pour publication en revue avant son départ pour le Mexique ? publication qui n'aurait pas eu lieu, revue qui aurait cessé de paraître, toutes les hypothèses sont permises. Nous avons, entre autres, l'exemple de *Point final*, texte publié à compte d'auteur en décembre 1927, qui est resté introuvable plus de quarante ans, au point que l'on pouvait douter de son existence, et dont un exemplaire a été par miracle retrouvé en 1971 par le prote de la Société générale d'imprimerie

et d'édition, 71, rue de Rennes, au moment de la liquidation de cette maison.

Page 115 :   EN FINIR
            AVEC LES CHEFS-D'ŒUVRE

1. Avant son départ pour le Mexique, Antonin Artaud envoya à Jean Paulhan trois lettres relatives à la composition du *Théâtre et son Double,* la première le 29 décembre 1935, les deux autres le 6 janvier 1936. C'est seulement dans la seconde des lettres du 6 janvier, qui contient le sommaire de l'ouvrage, qu'est, pour la première fois, mentionné *En finir avec les chefs-d'œuvre.*

2. Le 6 janvier 1934, afin d'intéresser d'éventuels commanditaires à ses projets, Antonin Artaud avait fait, chez Lise et Paul Deharme, une lecture de *Richard II,* de Shakespeare, et de son scénario : *la Conquête du Mexique.* A cette occasion, il écrivit, le 30 décembre 1933, une lettre à Orane Demazis, dans laquelle se trouve un certain nombre des idées développées dans *En finir avec les chefs-d'œuvre,* ce qui permet de dater ce texte de la fin de l'année 1933. A titre d'exemple, nous donnons un court extrait de cette lettre, que l'on peut rapprocher du 2e §, p. 125, et des 1er et 5e § p. 126. *Car cette action dont je parle est organique, elle est aussi sûre que les vibrations d'une musique capable d'engourdir les serpents. Elle porte* directement *sur les organes de la sensibilité nerveuse, comme les points de sensibilisation de la médecine chinoise portent sur les organes sensibles et les fonctions directrices du corps humain. La lumière rouge met dans une ambiance batailleuse, elle prédispose au combat : cela est aussi sûr qu'un coup de feu ou qu'une gifle. Une gifle ne tue pas son homme, un coup de feu peut le tuer quelquefois. Une ambiance de lumière et de bruit crée des dispositions spéciales, un mot glissé au moment voulu peut affoler un homme, je veux dire le rendre fou. Tout ceci pour en revenir à cette idée que le théâtre agit et qu'il suffit de savoir le manier.*

Page 131 : **LE THÉÂTRE ET LA CRUAUTÉ**

1. Texte mentionné dans la seconde lettre à Jean Paulhan du 6 janvier 1936.

Page 137 : **LE THÉÂTRE DE LA CRUAUTÉ**
(Premier manifeste)

1. Texte paru dans *la Nouvelle Revue Française* (n° 229, 1er octobre 1932).

2. La rédaction du début de ce *Manifeste* fut un grand souci pour Antonin Artaud. Il la reprit de nombreuses fois. On trouve ce souci exprimé dans ses lettres du 8 septembre, du 12 septembre, du 16 septembre et du 15 octobre 1932 à Jean Paulhan et dans celles du 10 septembre, du 13 septembre et du 23 septembre 1932 à André Rolland de Renéville.

Enfin, le 29 décembre 1935, avant de partir pour le Mexique, il apportait encore une correction à sa rédaction, et écrivait à Jean Paulhan de supprimer le premier paragraphe de la version publiée dans *la Nouvelle Revue Française* :

Il s'agit de rendre à la représentation théâtrale l'aspect d'un foyer dévorant, d'amener au moins une fois au cours d'un spectacle l'action, les situations, les images à ce degré d'incandescence implacable, qui dans le domaine psychologique ou cosmique s'identifie avec la cruauté.
et d'intercaler entre le deuxième (devenu ici le premier) et le troisième paragraphe de cette version cette phrase supplémentaire :

Cette liaison magique est un fait : le geste crée la réalité qu'il évoque ; et celle-ci par nature est atroce, elle n'a de cesse qu'elle n'ait produit ses effets.

Phrase qui ne se trouve pas dans l'édition définitive. Étant donné les circonstances qui entourent la correction des épreuves par Antonin Artaud (il sortait d'une maison de santé où il avait subi une cure de désintoxication, et il allait partir pour l'Irlande) s'agit-il là d'une omission, ou Antonin Artaud a-t-il lui-même supprimé cette phrase? Il est difficile d'en décider. Mais nous pensons plutôt à un oubli de la dernière heure : cette phrase n'aurait pas été transcrite sur les copies remises à l'imprimeur, et Antonin Artaud n'aurait plus songé à la rétablir. Car il serait surprenant qu'il ait écrit spécialement à son sujet à Jean Paulhan s'il n'y avait attaché une particulière importance.

3. Au début de l'année 1932, Antonin Artaud avait songé à *lancer une affaire théâtrale, qui serait au théâtre ce que la N.R.F est à la littérature* (lettre du 7 mars 1932 à Jean Paulhan). Il comptait obtenir *l'appui moral* d'André Gide, Paul Valéry, Valery Larbaud, Léon-Paul Fargue, Jean Paulhan, Albert Thibaudet, Julien Benda, Gaston Gallimard et Jules Supervielle. Ce projet qui s'appela un temps *Théâtre de la N.R.F.* aboutit au *Théâtre de la Cruauté.* Antonin Artaud avait dû songer à un manifeste collectif qui serait signé par tous les écrivains dont il sollicitait l'appui. Une première version fut certainement lue à André Gide puisque, le 7 août 1932, Antonin Artaud lui écrivait : *J'ai fort bien compris les raisons qui vous empêchaient de signer le texte que je vous ai lu. Pourtant je crois que la teneur même de ce texte et sa rédaction y étaient pour beaucoup. Peut-être si vous l'aviez trouvé suffisamment convaincant ces raisons seraient-elles tombées d'elles-mêmes, du moins en grande partie. Aussi n'ai-je pas l'intention de le publier. Écrit en une nuit il porte la marque de la hâte dans laquelle il a été rédigé.* André Gide non seulement refusa de signer le texte qui lui était soumis, découragea Antonin Artaud de placer son théâtre sous l'égide d'un comité de patronage composé d'écrivains, mais il refusa même que son nom soit cité à propos d'*Arden of Feversham* dont il avait suggéré qu'il pourrait faire l'adaptation. Il entreprit cependant ce travail et les premiers actes de son adaptation furent remis à Antonin Artaud par Jean Paulhan à la fin de la même année.

4. Léon-Paul Fargue avait donné son plein accord à Antonin Artaud qui pouvait écrire à Jean Paulhan le 21 mars 1932 : *J'ai parlé à Fargue. Il consent à tout ce que l'on voudra.* Il avait fait plus, il lui avait promis d'écrire une pièce : *Quant à Fargue, je lui ai envoyé un pneu et j'attends sa réponse. Mais ne croyez-vous pas que sa proposition de me faire une pièce, proposition faite devant vous, suffit.* (Lettre du 8 septembre 1932 à Jean Paulhan.)

5. Il s'agit du *Château de Valmore*, adaptation, par Pierre Klossowski, d'*Eugénie de Franval*.

6. La traduction de *Woyzeck* qu'Antonin Artaud voulait mettre en scène était l'œuvre de Jeanne Bucher, Bernard Grœthuysen et Jean Paulhan.

Page 157 : LETTRES SUR LA CRUAUTÉ

1. L'introduction des *Lettres sur la Cruauté* et des *Lettres sur le Langage* dans *le Théâtre et son Double* est mentionnée dans les deux lettres à Jean Paulhan du 6 janvier 1936.

2. Le destinataire est Jean Paulhan. Dans les lettres conservées par Jean Paulhan, il existe une lettre datée du 13 septembre 1932, mais c'est une tout autre lettre. Il est fort possible que ce jour-là Antonin Artaud en ait écrit une seconde, qu'il reprit ensuite à Jean Paulhan pour l'insérer dans *le Théâtre et son Double*.

3. Extrait d'une lettre du 12 septembre 1932 à Jean Paulhan et non du 14 novembre.

4. Le destinataire est André Rolland de Renéville. L'original de la lettre a dû être repris à l'époque par Antonin Artaud car cette lettre-ci ne se trouve pas parmi celles qui avaient été conservées par André Rolland de Renéville.

Page 163 : LETTRES SUR LE LANGAGE

1. Le destinataire est très probablement Benjamin Crémieux.

2. Destinataire : Jean Paulhan, à qui Antonin Artaud dut, à l'époque, réclamer l'original de la lettre.

Page 189 : LE THÉÂTRE DE LA CRUAUTÉ
(Second manifeste)

1. Le *Second manifeste* du *Théâtre de la Cruauté* fut publié par les soins des Éditions Denoël et Steele (Fontenay-aux-Roses. — 1933. Imprimerie Louis Bellenand et Fils. — 46 809). C'est une petite brochure de seize pages, au titre tiré en grandes capitales rouges sur fond blanc.

La brochure contient un feuillet jaune détaché ainsi rédigé :

La Société Anonyme
du Théâtre de la Cruauté

La Société Anonyme du THÉÂTRE DE LA CRUAUTÉ est en voie de formation. Elle sera légalement constituée à partir du moment où un premier capital de Francs : 100 000 aura été entièrement souscrit.

Dès maintenant, ceux qui désirent s'intéresser à notre entreprise peuvent envoyer à M. BERNARD STEELE, Éditeur 19, rue Amélie, Paris (7e), autant de fois la somme de 100 francs qu'ils désirent souscrire d'actions dans la Société.

M. BERNARD STEELE leur fera parvenir un reçu aux termes duquel il s'engage à verser les sommes ainsi recueillies entre les mains des Administrateurs de la Société au moment de la constitution de celle-ci.

La Société une fois fondée, il sera envoyé au souscripteur ur
extrait des statuts, accompagné du nombre d'actions auquel s
souscription lui donne droit.

Ce feuillet était accompagné d'un second feuillet blanc
REÇU de M. ....
la somme de Francs : .... destinée à l'achat
de .... actions à Cent Francs l'une de la Société
Anonyme du THÉÂTRE DE LA CRUAUTÉ (Capital : 100 000)
qui sera fondée aussitôt que le capital aura été entièrement souscrit.

Je m'engage à conserver cette somme par devers moi jusqu'au
moment de la formation de ladite Société. Lorsque la Société sera
constituée, je la remettrai entre les mains des Administrateurs qui
m'en donneront une décharge. Un extrait des statuts sera envoyé dès
parution à chaque actionnaire. La société sera dénoncée aussitôt le
capital réuni.

> BERNARD STEELE. *Éditeur, 19, rue Amélie,*
> *Paris (7e).*

A la suite du texte du *Manifeste* proprement dit, on trouve
ceci :

OPINIONS DE LA PRESSE
sur les premières réalisations scéniques
d'Antonin ARTAUD

M. Antonin Artaud a monté quatre spectacles avec le *Théâtre*
Alfred Jarry

Ventre brûlé, *d'Antonin Artaud.*

Les Mystères de l'Amour, *de Roger Vitrac, au Théâtre de*
Grenelle, les 2 et 3 juin 1927.

Partage de midi, *de Paul Claudel, à la Comédie des Champs-*
Élysées, le 15 juin 1928.

Le Songe, *de Strindberg, au Théâtre de l'Avenue, les 2 et*
9 juin 1928.

Victor ou les Enfants au pouvoir, *de Roger Vitrac, à la Comédie*
des Champs-Élysées, le 29 décembre 1928.

Voici quelques opinions de la presse sur ces spectacles.

Ventre brûlé, les Mystères
de l'Amour :

Ventre brûlé, *brève hallucination sans texte ou presque, dans
laquelle l'auteur a condensé une synthèse de vie et de mort, a laissé
une impression d'étrangeté extrêmement forte et persistante.*

BENJAMIN CRÉMIEUX (Prager Press).

Le Songe, *de Strindberg :*
*Antonin Artaud fait de la mise en scène, c'est-à-dire qu'un réseau
subtil s'étendra sur les acteurs, les spectateurs et que tous seront
prisonniers d'une poésie étrange, d'un monde mystérieux de lumières
et d'ombres où vivent les réalités d'un autre plan.*

(Paris-Soir.)

*Cette représentation était très curieuse ; les décors avaient été fort
bien imaginés, ainsi que les jeux de scène. On arrivait assez
facilement à discerner les incohérences du rêve, les symboles qui s'en
dégagent et les préoccupations douloureuses du dormeur. Et à mesure
que la pièce se déroulait, il me semblait voir plus clairement où
tendait le sombre génie de Strindberg.*

ANDRÉ BELLESSORT (Le Gaulois).

*La réussite de M. Artaud a été de créer sur la scène l'atmosphère
surnaturelle que réclame l'œuvre de Strindberg et d'y parvenir par
l'utilisation poétique de la réalité la plus quotidienne. On connaît les
tableaux de Chirico, ces juxtapositions contrastées de temples
antiques, d'instruments de laboratoire et d'objets usuels, d'où émane
une si grande force de suggestion. M. Artaud a adopté une méthode
un peu analogue dont il a tiré un saisissant parti. Le décor est
composé de quelques objets violemment vrais, dont le rapprochement
entre eux ou le rapprochement avec les costumes des acteurs, le texte
récité par eux, fait jaillir une poésie incluse en eux et jusque-là
invisible. L'univers que parvient ainsi à évoquer M. Artaud est un
univers où tout prend un sens, un mystère, une âme. Il est malaisé de
décrire et plus encore d'analyser les effets obtenus, mais ils sont
saisissants. Il s'agit proprement de la réintégration d'une magie,*

d'une poésie dans le monde, de ta remise au jour de rapports nouveaux entre les êtres et les choses.

BENJAMIN CRÉMIEUX (La Gazette du franc).

Victor ou les Enfants au pouvoir,
de *Roger Vitrac* :

Ce fut la représentation la plus curieuse qu'il me fut donné de voir pendant mes huit années d'après-guerre à Paris.

PAUL BLOCK (Berliner Tageblatt).

BASES FINANCIÈRES
DU THÉÂTRE DE LA CRUAUTÉ

Le côté commercial de cette entreprise, nous tenons à le préciser, a été l'objet des soins les plus minutieux. En effet, une entreprise artistique, quelque intérêt qu'elle puisse présenter en elle-même, n'est point viable si l'on n'a pas étudié jusque dans ses moindres détails l'importante question de son organisation matérielle et financière.

Aussi, afin de pouvoir offrir le maximum de sécurité aux actionnaires futurs, avons-nous décidé d'adopter pour son exploitation la forme de la société anonyme : le capital a été fixé à la somme de 650 000 francs. On trouvera un bref exposé des bases sur lesquelles cette société sera constituée, dans un prospectus général

Voici, d'autre part, quelques données sur ce que l'on est en droit d'espérer de l'exploitation :

Vu l'importance du spectacle et le nombre des figurants nous calculons d'une façon très large les frais de la mise en scène, ainsi que la rémunération des acteurs pendant une période de répétitions d'environ trois mois. Notre devis comporte : l'achat des costumes, la rémunération des acteurs, la location ou l'achat (selon le cas) de tous les accessoires scéniques, la location d'une salle de spectacle, la rétribution d'un personnel administratif, la publicité, les frais de constitution de la société elle-même, et une marge suffisante de disponibilités pour couvrir tous les imprévus.

Cette première mise de fonds se monte à une somme globale de 650 000 francs et représente, en plus des frais envisagés ci-dessus, les frais de représentation du spectacle pour une période de trente jours.

Si on ne table que sur un modeste succès, c'est-à-dire une salle de mille places au trois quarts pleine, on devrait arriver à reconstituer intégralement le capital engagé avant la cinquantième représentation. Les bénéfices, une fois ce cap franchi, atteindraient aisément 25 000 francs par semaine.

Au cas où le premier spectacle ne donnerait pas entière satisfaction au point de vue matériel, les recettes provenant du premier mouvement de curiosité donneraient la possibilité de monter un deuxième spectacle, sans que l'on se trouve pour cela dans la nécessité de chercher des capitaux nouveaux.

Un échec de ce genre n'est toutefois pas à craindre, car l'on se souviendra certainement du succès incroyable que remporta en 1931 le Théâtre Balinais à l'Exposition coloniale. Ce spectacle a été lancé sans la moindre publicité *et, pendant des mois, non seulement la salle a été comble et le public enthousiaste, mais on refusait régulièrement du monde* *.

BERNARD STEELE.

DOCUMENTATION

Des articles, études sur « le Théâtre de la Cruauté » ont paru dans l'Intransigeant *du 3 juillet 1932,* Paris-Soir *du 14 juillet 1932,* Comœdia *du 21 septembre 1932, dans la revue* le Mois *du 1ᵉʳ novembre 1932.*

La Nouvelle Revue Française du 1ᵉʳ octobre 1932 a publié « Le Manifeste du Théâtre de la Cruauté ».

Auparavant, M. Antonin Artaud avait exposé ses idées sur le théâtre dans une conférence faite à la Sorbonne, le 10 décembre 1931, et publiée par la N.R.F. du 1ᵉʳ février 1932, sous le titre de « La Mise en scène et la Métaphysique ».

* Pour tous renseignements, s'adresser 19, rue Amélie, Paris (VIIᵉ).*

Les références ne sont pas tout à fait exactes. L'article — ou plutôt les articles de *l'Intransigeant* sont des 26 et 27 juin 1932. Quant à l'article sur *le Théâtre de la Cruauté* paru dans *le Mois,* il se trouve dans le numéro d'octobre 1932. Il est sans signature et intitulé *la Querelle des metteurs en scène et des auteurs*. C'est un article général où l'auteur constate que *le théâtre de notre époque est incontestablement sous le signe de la mise en scène*. Il contient une analyse du *Premier manifeste* du *Théâtre de la Cruauté*, puis compare les positions d'Antonin Artaud et de Jacques Copeau et conclut : *A moins que, selon la formule de M. Artaud, on ne songe à créer un théâtre dont le fonctionnement seul est générateur de poésie... Il en sera du théâtre pur comme du roman pur ou de la poésie pure. M. Paul Valéry a dit de celle-ci qu'il faut toujours tenter d'y atteindre mais ne l'espérer jamais. Il en est de même du théâtre. Ce qui ne veut pas dire que l'essai M. Antonin Artaud sera sans réussite ni signification, mais, au contraire, que de ces tentatives, il ressort toujours quelque chose.*

2. Le scénario de *la Conquête du Mexique*, dont Antonin Artaud fit une lecture, chez Lise et Paul Deharme le 6 janvier 1936, a été publié dans le tome V de ses *Œuvres complètes*.

Page 199 : UN ATHLÉTISME AFFECTIF

1. Ce texte, comme *le Théâtre de Séraphin*, était destiné à la revue *Mesures*.

Page 213 :   DEUX NOTES

1. *Les Frères Marx*, note publiée dans *la Nouvelle Revue Française* (n⁰ 220, 1ᵉʳ janvier 1932) dans la chronique : *Le Cinéma*, sous le titre *les Frères Marx au cinéma du Panthéon* (sur le sommaire de la couverture, titre différent : *les Frères Marx dans Monkey Business*).

2. *Autour d'une mère*, note publiée dans *la Nouvelle Revue Française* (n⁰ 262, 1ᵉʳ juillet 1935) sous le titre *Autour d'une mère, action dramatique de Jean-Louis Barrault, au Théâtre de l'Atelier*.

C'était d'après *Tandis que j'agonise*, de William Faulkner, que Jean-Louis Barrault avait tiré cette action dramatique. Les décors et les costumes étaient de Labisse, la musique d'un compositeur mexicain, Tata Nacho. Il y eut seulement quatre représentations de ce spectacle au Théâtre de l'Atelier : les 4, 5, 6 et 7 juin 1935.

3. Dans le manuscrit, après ce dernier paragraphe, on trouve celui-ci :

Qui connaît, non pas le geste qui remonte à l'esprit, ainsi qu'en use Jean-L. Barrault avec sa puissante sensibilité terrienne, mais l'esprit qui commande le geste, qui dégage les forces de vie? Qui connaît encore le geste qui noue et qui dénoue vraiment, sans forme et sans ressemblance, et où la ressemblance du cheval qui prend forme n'est plus qu'une ombre à la limite d'un grand cri.

Il semble bien que la suppression de ce paragraphe et dans *la Nouvelle Revue Française*, et dans *le Théâtre et son Double*, soit due à un malentendu.

En effet, le 5 août 1935, Antonin Artaud, écrivant à Jean Paulhan à propos de son projet de voyage au Mexique, ajoutait ce post-scriptum :

P.-S. — Qu'est-il arrivé à l'article sur Barrault? Il manquait la dernière phrase! La plus belle de beaucoup!!!

Et dans la lettre du 6 janvier 1936, où il indiquait les textes qui allaient composer *le Théâtre et son Double*, il demandait le rétablissement de ce paragraphe et prenait même la peine de le retranscrire entièrement, avec toutefois, de très légères corrections : *... qui commande au geste et dégage les forces de vie. Le geste qui noue...*

Il paraît donc surprenant que ce paragraphe ait été, en définitive, supprimé.

Page 221 : LE THÉÂTRE DE SÉRAPHIN

1. *Le Théâtre de Séraphin*, texte destiné à la revue *Mesures*, devait entrer dans la composition du *Théâtre et son Double*. Antonin Artaud est très net à ce sujet dans les lettres à Jean Paulhan du 29 décembre 1935 et du 6 janvier 1936 . *Vous avez le*

*texte du Théâtre de Séraphin pour Mesures. Mais il ne figure pas
dans le manuscrit du Théâtre. Il faudrait le rétablir, et l'ajouter.*
Pourtant dans la seconde lettre du 6 janvier où est donné l'ordre
des textes, il a oublié de mentionner ce texte. Plus tard, dans une
lettre écrite du Mexique à Jean Paulhan le 23 avril 1936, les deux
textes destinés à *Mesures* (le second devant être *Un athlétisme
affectif*) seront de nouveau mentionnés à propos du *Théâtre et son
Double*.

Nous ignorons pourquoi ce texte fut en fin de compte écarté du
volume. Comme en ce qui concerne le dernier paragraphe de
Autour d'une mère et la phrase à intercaler dans le *Premier manifeste* du *Théâtre de la Cruauté* (cf. note 2, p. 240), c'est une
question à laquelle il est difficile d'apporter une réponse.

Le Théâtre de Séraphin parut seulement en 1948 dans un
volume de la collection *l'Air du temps*, Bettencourt éditeur, tiré à
250 exemplaires. Publié peu de temps après dans *les Cahiers de la
Pléiade* (printemps 1949). Enfin, avec des dessins de Wols
(imprimeur : Jean Belmont) en 1950, tiré à 110 exemplaires.

En 1781, un Italien avait introduit en France un théâtre
d'ombres chinoises auquel il donna son nom : c'était le Théâtre
de Séraphin. Animé par lui, puis par ses descendants, ce théâtre
donna à Paris des représentations régulières jusqu'en 1870. Déjà,
dans *les Paradis artificiels*, pour le chapitre où il décrit les effets
oniriques du haschisch, Baudelaire avait usé de ce titre.

2. On remarquera que la fin de ce texte reproduit exactement,
à deux mots près (*n'a plus la science* au lieu de *n'a pas la science*, et
dans les transes magiques au lieu de *dans des transes magiques*) le
passage d'*Un athlétisme affectif* qui se trouve, à la fin, entre les
trois étoiles noires et le *nota bene* (pp. 210-211). Il nous avait
toujours semblé invraisemblable qu'Antonin Artaud, désirant insérer ces deux textes dans le même ouvrage, leur ait donné une
fin identique. Et nous avions supposé que la fin du *Théâtre de
Séraphin* avait été ajoutée indûment à *Un athlétisme affectif* lors
de la publication du *Théâtre et son Double*, en 1938. Un docu-
ment récemment retrouvé dans les archives de Jean Paulhan, la
copie dactylographiée, corrigée par Antonin Artaud, d'*Un athlétisme affectif*, prouve que cette supposition était exacte. C'est bien

la fin du *Théâtre de Séraphin* qui a été intercalée entre celle d'*Un athlétisme affectif* et le *nota bene*. Nous ignorons les raisons de cette interpolation. Aucun élement ne nous permet non plus de comprendre pourquoi *le Théâtre de Séraphin*, texte auquel Antonin Artaud attachait une telle importance, a été en définitive écarté du *Théâtre et son Double*.

3. Cette date n'est évidemment pas la date de composition de ce texte, puisqu'il avait été écrit bien avant le départ d'Antonin Artaud pour le Mexique. Mais le 26 mars 1936, écrivant à Jean Paulhan de Mexico, il ajoutait ceci en post-scriptum ·

Je vous envoie un texte corrigé du Théâtre de Seraphin et de l'Athlétisme. Faites-moi vos remarques par retour, afin que ce texte paraisse au plus vite, et que je sois enfin débarrasse de mon passe littéraire. Il parait que c'est la condition pour reussir.

Il est fort possible qu'Antonin Artaud, désirant parfaire la rédaction de ces deux textes, ne les ait envoyés à Jean Paulhan que le 5 avril.

LE THÉÂTRE ET SON DOUBLE

Impression Bussière à Saint-Amand (Cher),
le 22 mai 1991.
Dépôt légal : mai 1991.
1er dépôt légal dans la collection : avril 1985.
Numéro d'imprimeur : 1514.
ISBN 2-07-032301-3./Imprimé en France.

39 incendie
126 staying
128 violence